AF398847

Helmut F. Kaplan

Die Ethische Weltformel

Eine Moral für Menschen und Tiere

Vegi-Verlag

Impressum:

Die Ethische Weltformel – Eine Moral für Menschen und Tiere
von Helmut F. Kaplan
ISBN 3-909067-04-2

Umschlagsgestaltung:
Die «Weltformel» in den Schriften der verschiedenen Religionen:
Persisch (Bahá'í), Sanskrit (Hinduismus), Griechisch (Christentum)

Verlag:
Vegi-Verlag, CH-9315 Neukirch-Egnach
Homepage: www.vegetarismus.ch/verlag/
E-Mail: verlag@vegetarismus.ch

Herstellung:

Books on Demand GmbH

März 2003

Für Astrid und Helmut

Inhaltsverzeichnis

4. Moral für Menschen und Tiere **74**

5. Exkurs: Akademische Ethik versus praktische Ethik ... **85**

6. Motivation zur Moral **97**

Literatur **101**

Über den Autor **108**

Vorwort

Die ethische Weltformel weist uns sowohl den richtigen Weg für den Umgang mit Menschen als auch den richtigen Weg für den Umgang mit Tieren. In der gegenwärtigen historischen Situation spielt aber die Tierethik eine viel größere praktische Rolle als die Menschenethik: Weil es für den Umgang mit Tieren de facto keine wirksamen gesetzlichen Bestimmungen gibt, wird unser Verhalten gegenüber Tieren weitgehend von moralischen Haltungen und Überlegungen bestimmt. Ein Beispiel: Wer heute – von gesundheitlichen Motiven abgesehen – Vegetarier ist, ist es nicht, weil es gesetzlich verboten wäre, Tiere zu essen, sondern weil er es für moralisch falsch hält, Tiere um bestimmter Geschmackserlebnisse willen leiden und sterben zu lassen. Der Tierethik kommt also eine immense praktische Bedeutung zu.

Ziel dieser Arbeit ist es unter anderem aufzuzeigen, dass es an der Zeit ist für die dritte Etappe der Tierethik: für die Erkenntnis, dass im Alltag *komplizierte* moralische Überlegungen über unseren Umgang mit Tieren ebenso überflüssig sind wie komplizierte moralische Überlegungen über unseren Umgang mit Menschen. Wenn es um das alltägliche Verhalten gegenüber unseren Mitmenschen geht, schlagen wir uns ja auch nicht mit komplexen ethischen Argumenten und Theorien herum -- weil im Grunde ohnehin jeder weiß, wie er sich benehmen soll, welches Verhalten das richtige ist: Wir sollen die Interessen anderer genauso ernst nehmen und berücksichtigen, wie wir möchten, dass andere unsere eigenen Interessen ernst nehmen und berücksichtigen. Langwierige ethische Überlegungen und Diskussionen sind lediglich bei schwierigen Spezialfragen sinnvoll und notwendig, etwa wenn es um Themen wie Schwangerschaftsunterbrechung, Stammzellenforschung, Präimplantationsdiagnostik, medizinische Prioritätensetzungen bei ökonomischer Ressourcenknappheit usw. geht.

Die erste Etappe der Tierethik bestand im bizarren Irrglauben, dass es sich bei Tieren quasi um ethische Exoten handelt, auf die unsere herkömmlichen moralischen Theorien und Argumente überhaupt nicht anwendbar sind. Die zweite Phase bestand in der Erkenntnis, dass man über den richtigen Umgang mit Tieren genauso rational diskutieren kann wie über den richtigen Umgang mit Menschen. Und die dritte Etappe der Tierethik besteht, wie gesagt, darin zu erkennen, dass diffizile ethische Diskussionen in Bezug auf Tiere ebenso überflüssig sind wie diffizile ethische Diskussionen in Bezug auf Menschen. Wahre und wirksame Ethik ist einfach.

An dieser Stelle möchte ich Josie Wendt für ihre überaus sorgfältige Durchsicht des Manuskripts und Renato Pichler für seine unermüdliche Förderung und Unterstützung meiner Arbeit herzlich danken.

Helmut F. Kaplan
Salzburg, im Oktober 2002

Einleitung

Wie sollen wir uns gegenüber unseren Mitmenschen in den unterschiedlichsten Rollen, Situationen und Konstellationen verhalten – als Eltern, als Kinder, als Ärzte, als Patienten usw.? Die Antwort hierauf scheint umso schwieriger zu werden, je komplizierter die soziale und technische Wirklichkeit wird. Mit der Unübersichtlichkeit der Realität scheint auch die Unübersichtlichkeit der Ethik zuzunehmen.

Und wie sollen wir uns gegenüber Tieren verhalten – als Tierhalter, als Nutznießer von Tierversuchen, als Fleischkonsumenten usw.? Zwar wird immer klarer, dass auch dies eine legitime und ernst zu nehmende Frage ist. Aber trotz aller unbestreitbaren Fortschritte der Tierethik in den letzten Jahrzehnten wirft deren praktische Umsetzung nach wie vor viele Fragen auf.

Auf beide Fragen – «Wie sollen wir Menschen behandeln?» und «Wie sollen wir Tiere behandeln?» – gibt es aber eine im Grunde recht einfache Antwort. Und die Antwort lautet in beiden Fällen gleich. Es gibt nämlich *eine* Moral für Menschen *und* Tiere, *eine* Moral, die uns den richtigen Umgang mit Menschen *und* Tieren weist.

Dass dies bis jetzt nicht erkannt wurde, liegt an einer akademischen Ethik, die zum perversen Selbstbefriedigungsbetrieb selbstverliebter Ethik-Experten und Moral-Verhinderer verkommen ist, und an einer Tierethik, die sich in neurotischer Ängstlichkeit absurde und unerfüllbare Forderungen diktieren ließ.

Im ersten Kapitel dieses Buches *(Fakten über Tiere)* werden die faktischen Eigenschaften und Fähigkeiten von Tieren dargestellt. Dabei geht es um (Selbst-)Bewusstsein, Leidensfähigkeit, Intelligenz, Sozialleben und Moralverhalten. Diese Ausführungen bilden die Basis für die nachfolgenden ethischen Erwägungen in Bezug auf unser Verhalten gegenüber Tieren.

Im zweiten Kapitel *(Moral für Tiere)* wird zunächst die Tierrechtsbewegung vorgestellt und deren Unterschied zum traditionellen Tierschutz erläutert. Danach werden die beiden wichtigsten ethischen Ansätze in der Tierrechtsbewegung behandelt: die Theorien von Peter Singer und von Tom Regan.

In Kapitel drei *(Moral für Menschen)* wird zuerst anhand der faktischen Anforderungen an die Menschenethik illustriert, dass die Anforderungen an die Tierethik völlig überzogen und unerfüllbar sind. Danach wird verdeutlicht, dass und warum eine sinnvolle, sprich: praktikable Ethik für den Umgang mit unseren Mitmenschen einfach und verständ-

lich sein muss. Schließlich wird gezeigt, dass es so etwas wie eine ethische Weltformel, eine Essenz aller Ethik, gibt, die uns als zuverlässiger Wegweiser für unser Verhalten gegenüber unseren Mitmenschen dienen kann.

In Kapitel vier *(Moral für Menschen und Tiere)* wird nachgewiesen, dass diese ethische Weltformel ein ebenso zuverlässiger Wegweiser für unseren Umgang mit Tieren ist. Nicht zuletzt deshalb ist die universelle Bezeichnung «ethische Weltformel» überhaupt erst angebracht.

Im Exkurs *Akademische Ethik versus praktische Ethik* werden Themen und Aspekte, die in dieser Arbeit immer wieder berührt werden, systematisch aufgearbeitet bzw. erläutert: die destruktive Arroganz der akademischen Ethik einerseits und die Notwendigkeit einer konstruktiven praktischen Ethik andererseits.

In Kapitel sechs *(Motivation zur Moral)* wird schließlich dargelegt, welch wichtige Funktion die moralische Motivation für das moralische Handeln hat und welch herausragende Rolle dabei die ethische Weltformel spielt.

1. Fakten über Tiere

Bevor man sich Gedanken über die angemessene moralische Bewertung und Behandlung von Tieren macht, empfiehlt es sich naheliegenderweise, sich über die faktischen Eigenschaften von Tieren zu informieren bzw. sich diese zu vergegenwärtigen:

1.1 Bewusstsein

Wenn man Hunde oder Katzen aus dem Fenster wirft oder mit Hammer und Messer traktiert, so gleichen sie in ihren Reaktionen eher Menschen als Steinen oder Fernsehgeräten: Es macht ihnen etwas aus, sie spüren etwas, sie leiden. Vor die Wahl gestellt, würden sie sich mit Sicherheit dafür entscheiden, *nicht* aus dem Fenster geworfen oder mit Hammer und Messer traktiert zu werden. Denn Tiere sind im Gegensatz zu Steinen und Fernsehgeräten fühlende, wollende Wesen mit *bewussten* Erlebnissen.

Freilich käme es ohnehin keinem normalen Menschen je in den Sinn, dies ernsthaft zu bezweifeln. Erstaunlicherweise gibt es aber noch immer einige Wissenschaftler und Philosophen, die glauben, ihre Seriosität und Objektivität damit beweisen zu müssen, dass sie orakeln: Streng genommen, mit letzter Sicherheit können wir nicht wissen, ob und was Tiere erleben. Über diese zurückhaltenden Zeitgenossen hatte Konrad Lorenz (1980, S. 251, 254) eine ausgeprägte Meinung:

> Die Tatsache, dass unsere Mitmenschen so etwas Ähnliches sind, und Ähnliches empfinden, wie wir selbst, ist *evident* in genau dem gleichen Sinne, wie mathematische Axiome es sind. Wir sind *nicht* imstande, *nicht* an sie zu glauben. Karl Bühler, der meines Wissens als erster auf diesen Tatbestand hingewiesen hat, sprach von «Du-Evidenz».
>
> Mit derselben axiomatischen Sicherheit, mit der wir in unseren Mitmenschen das Vorhandensein einer Seele, das heißt der Fähigkeit zum subjektiven Erleben, voraussetzen, tun wir das auch bei höheren Tieren. Ein Mensch, der ein höheres Säugetier, etwa einen Hund oder einen Affen, wirklich genau kennt und *nicht* davon überzeugt wird, dass dieses Wesen ähnliches erlebt wie er selbst, ist psychisch abnorm und gehört in die psychiatrische Klinik, da eine Schwäche der Du-Evidenz ihn zu einem gemeingefährlichen Monstrum macht.

Ähnlich, wenn auch weniger drastisch, äußern sich viele Autoren über

die Selbstverständlichkeit tierlichen Bewusstseins, unter anderem David Hume (siehe Griffin, 1985, S. 11), Robert Spaemann (1984, S. 71), Adolf Portmann (1987, S. 112, 116), Phil Maggitti (1990, S. 24 ff.), Bernard Rollin (1989), Volker Arzt und Immanuel Birmelin (1993) sowie Daisie und Michael Radner (1989).

Auch Charles Darwin (1966, S. 84) zeigt wenig Verständnis für Zögerer und Zauderer in Bezug auf das Vorhandensein tierlichen Bewusstseins: «Die Tatsache, dass die Tiere durch dieselben Gemütsbewegungen erregt werden wie wir, ist so sicher, dass es überflüssig ist, den Leser durch zu viele Einzelheiten zu ermüden.»

1.2 Schmerz

Schmerzen sind wohl jene bewussten Erlebnisse, von denen es am offenkundigsten ist, dass sie auch Tiere haben. Und zwar aus mindestens zwei Gründen: Erstens lässt das Verhalten von Tieren in Situationen, die uns Schmerzen verursachen, keinen vernünftigen Zweifel darüber zu, dass auch sie Schmerz empfinden. Zweitens ist Schmerz eine biologische Notwendigkeit: «Kein höheres Lebewesen ohne Schmerz – aber ohne Schmerz auch kein höheres Leben: Der Schmerz ist es, der als ‹Warner› uns schützt vor Gefahren für Leib und Leben» (Frey, 1978, S. 7; vgl. Serjeant, 1970, S. 56–62).

Dabei ist wichtig festzustellen, dass Tiere Schmerz auch keineswegs prinzipiell *schwächer* empfinden als Menschen. Eher das Gegenteil ist der Fall: Aufgrund ihrer zum Teil viel empfindlicheren Sinnesorgane leiden Tiere unter entsprechenden Beeinträchtigungen oft sogar *stärker* als Menschen. Hier seien etwa Schweine erwähnt: Diese völlig zu Unrecht als schmutzig verschrienen Tiere sind von Haus aus sehr sauber und haben auch einen entsprechend feinen Geruchssinn, der dem eines Jagdhundes gleichzusetzen ist. Deshalb leiden diese Tiere auch schrecklich unter dem fürchterlichen Gestank, dem sie in Tierfabriken lebenslang hilflos ausgesetzt sind. (Vgl. *Zahlen und Fakten ...*, 1993, S. 109, Kremsmayer, 1990, S. 118, Bittermann/Plank, 1990, S. 100–102, Comstock, 1992, S. 122 f., *Schweine!*, 1996, S. 14 ff.)

Um sich einen Begriff von den *Supersinnen der Tiere* zu machen, empfiehlt sich das gleichnamige Buch von John Downer (1990). Es vermittelt beeindruckende Einblicke in die phantastische Wahrnehmungswelt der Tiere, deren Sinnesleistungen das menschliche Wahrnehmungsvermögen geradezu armselig erscheinen lassen. Vor diesem Hintergrund wird deutlich, wie absurd die Annahme, dass Tiere Schmerzen schwächer empfänden, ist. (Vgl. Serjeant, 1970, S. 99 f.)

An dieser Stelle muss auch mit dem Vorurteil aufgeräumt werden, dass Fische nicht leidensfähig seien (vgl. Apel, 1990, S. 27). Fische sind hoch sensible Wesen, die unter unserer «Behandlung» schrecklich leiden. Die Gedankenlosigkeit und Brutalität, mit der wir diese Tiere täglich millionenfach quälen und töten, gehört zum Grauenhaftesten überhaupt. (Siehe Jackson, 1993, S. 4 ff., Dunayer, 1992, S. 12 ff., Arras, 1991, 1996, S. 10 f.)

Das gilt übrigens auch für Hummer (sowie für andere Krebstiere, mit denen ähnlich rücksichtslos verfahren wird): Diese hoch empfindlichen Wesen werden monatelang (bis zu zwei Jahre lang!) lebendig «zwischengelagert», wobei sie die ganze Zeit bewegungsunfähig und mit zusammengebundenen Scheren verbringen müssen. Schließlich werden sie lebendig in kochendes Wasser geworfen. Nur so kommt es zur schönen roten Färbung, die sich am Buffet so gut macht. Der Todeskampf im kochenden Wasser dauert nicht Sekunden, sondern Minuten. Und um sich das lästige Deckelzuhalten zu ersparen – der Hummer versucht in panischer Angst und äußerstem Schmerz mit allen Mitteln, dem Kochtopf zu entkommen –, hat man sich einen praktischen Trick einfallen lassen: Die Tiere werden an einem Brett festgebunden. (*Initiative gegen Tierversuche ...*, 1989, S. 16, *Hummer – der Renner ...*, 1995, S. 14 f., *Delikatessen zum Vergessen*, 1995, S. 17, *Die Hummer-Industrie*, 1995, S. 4, *Jagd auf Leben ...*, 1996, S. 17, Berger, 1996, S. 7, Beidl, 1996/1997, S. 19)

1.3 Leiden

Tiere erleben nicht nur physischen Schmerz, sondern auch psychisches Leiden: Angst, Trauer, Verzweiflung, Trennungsschmerz, Kummer, Hoffnungslosigkeit, Furcht, Zorn usw. (vgl. Bilz, 1974, V, 28, Serjeant, 1970, S. 100, Cena, 1978, Rachels, 1991, S. 133). Wenn man bedenkt, dass die evolutionäre Kontinuität naheliegenderweise nicht nur eine physische, sondern auch eine psychische Seite hat, ist dies auch nicht weiter verwunderlich. (Vgl. J.-C. Wolf, 1992, S. 11, Ryder, 1989, S. 330 f., 1992, S. 171 f.)

Wie beim Schmerz muss auch hier darauf hingewiesen werden, dass Tiere in vergleichbaren Situationen unter Umständen sogar *mehr* leiden als Menschen. Dies vor allem aufgrund ihrer geringeren Informations-, Kommunikations- und Reflexionsmöglichkeiten. (Vgl. Masson/McCarthy, 1996, S. 312 f., 318 f.) Zwei Beispiele:

Ein Mensch, der im Krankenhaus operiert werden soll, weiß,

zumindest grundsätzlich und ungefähr, warum und wie dies geschehen soll. Vor allem weiß er, dass es zu seinem Vorteil geschieht, dass jetzige vorübergehende Unannehmlichkeiten notwendig sind, damit es ihm später wieder besser geht. Einem Tier, das gefangen wird, um einer Heilbehandlung zugeführt zu werden (zugegebenermaßen ein seltener Fall: meist werden Tiere für ganz andere Zwecke eingefangen!), kann man diese Zusammenhänge nicht erklären. Es erlebt die gleichen Todesängste wie ein Tier, das gefangen wird, um getötet zu werden. (Vgl. Singer, 1994, S. 88 f., Höffe, 1984, S. 85 f., zit. n. Teutsch, 1987, S. 264)

Zweites Beispiel: Ein eingesperrter Mensch kann die Zeit, wo er wieder frei sein wird, vorwegnehmen und daraus Trost schöpfen. Bei einem eingesperrten Tier ist hingegen sein gesamter geistiger Horizont vom gegenwärtigen Gefangensein ausgefüllt. (Vgl. Rollin, 1981, S. 33)

Den Zusammenhang zwischen verminderter Denkkapazität und erhöhter Leidensintensität kennt im Übrigen jeder aus eigener Erfahrung: In «schlaflosen Nächten» wälzen wir oft «unlösbare Probleme», die wir später im Wachzustand und Vollbesitz unserer geistigen Kräfte mühelos bewältigen können. Hier besteht eine interessante Parallele zur psychoanalytischen Neurosentheorie: Konflikte, die wir als Kinder wegen Unbewältigbarkeit verdrängen mussten, können wir als Erwachsene aufgrund unseres höheren Informationsstandes und erweiterten Denkvermögens zulassen und lösen.

Nicht vergessen darf man in diesem Zusammenhang auch die menschliche Fähigkeit, Leiden durch Sinngebung erträglicher zu machen. Auf diesen Umstand weist insbesondere Robert Spaemann hin: «Gerade, weil Tiere ihr Leiden nicht in die höhere Identität eines bewussten Lebenszusammenhangs integrieren ... können, sind sie dem Leiden ausgeliefert. Sie sind sozusagen im Schmerz nur Schmerz» (1984, S. 78). «Auf dem Weg in die Gaskammern Psalmen singen – das kann kein Tier. Es ist der dumpfen Angst sprachlos ausgeliefert, und seine Angst ist fast immer Todesangst» (1979, zit. n. Teutsch, 1987, S. 264).

1.4 Intelligenz

Es ist nicht ganz einfach, kurz und plausibel darzulegen, dass Tiere über eine so komplexe Eigenschaft wie Intelligenz verfügen. Praktische Beispiele eignen sich hierzu meines Erachtens besser als theoretische Ausführungen. Daher soll gleich mit der Schilderung einiger einschlägiger «Fälle» begonnen werden. Der erste mag als Beleg für tierliche

Intelligenz verzichtbar erscheinen. Ich bringe es aber dennoch nicht übers Herz, ihn den Leserinnen und Lesern vorzuenthalten. Erstens wird er von niemand Geringerem als Charles Darwin (1966, S. 84) berichtet, zweitens finde ich ihn einfach köstlich:

> Am Kap der Guten Hoffnung hatte ein Offizier einen Pavian häufig geneckt. Als das Tier ihn nun eines Sonntags zur Parade ankommen sah, goss es Wasser in eine Vertiefung im Boden, bereitete schnell einen schmutzigen Schlamm und warf ihn zum Ergötzen vieler Zuschauer geschickt auf den vorübergehenden Offizier. Noch lange Zeit danach freute sich der Affe mit höhnischem Grinsen, wenn ihm sein Opfer wieder zu Gesicht kam.

Vitus Dröscher (1987a, S. 99 f.) berichtet Folgendes:

> Einen richtigen Lausejungenstreich leistete sich ein kanadisches Biberkind. Allmorgendlich zur gleichen Zeit wurde es mitsamt seinen Eltern, Anverwandten und älteren Geschwistern von einer Farmersfrau gefüttert. Da der vierbeinige Lümmel den anderen immer die besten Leckerbissen wegschnappen wollte, erschien er stets als erster an der Futterstelle.
> Eines Tages aber hatte er die Zeit verbummelt, und als er aus dem Wasser sprang, drängten sich schon alle erwachsenen und größeren Biber um den Trog. Da lief der Kleine zum Fluss zurück und klatschte mit dem breiten Ruderschwanz dreimal hastig auf das Wasser. Das ist in der Bibersprache das Alarmsignal für höchste Gefahr. Wie der Blitz waren alle anderen Biber von der Bildfläche verschwunden, und der Frechdachs hatte das Futter für sich allein.
> (…)
> Überlegen wir einmal, was zu dieser «Leistung» des kleinen Bibers alles gehört: Einmal musste er das Alarm- und Schrecksignal geben, ohne tatsächlich einen Schreck vor einem Raubtier bekommen zu haben. Er musste sich also aus den Fesseln reinen Instinktverhaltens befreien und sein Handeln mit einer Absicht verbinden. Das gelang nur durch einen Akt der Selbstbetrachtung, der Reflexion: Er musste wissen, wie seine Taten auf andere wirken, um sie hinters Licht zu führen.

Über einen Rhesusaffen im New Yorker Bronx-Zoo berichtet Dröscher (ebenda, S. 100 f.):

> Eines Tages war der gewitzte Kerl vom großen Affenfelsen verschwunden, und es dauerte einige Tage, bis man ihn in einem Park gefunden und wieder eingefangen hatte. Die Umzäunung, der Wassergraben und überhaupt alles wurde überprüft. Nirgends war eine Fluchtmöglichkeit zu entdecken. Aber am nächsten Morgen

war der Ausreißer wieder weg.

Erneut übte sich ein Polizeiaufgebot im Tierfang. Und dann legte sich ein Wärter auf die Lauer, um dem Affen auf die Schliche zu kommen. In früher Morgendämmerung sah er endlich, wie das Tier aus einem Versteck eine Banane holte. Diese milde Besuchergabe hatte er extra für seinen Ausbruchplan zurückbehalten. Er lief damit zu dem breiten Wassergraben, der an das Elchgehege grenzt, und schwenkte die Banane gut sichtbar hin und her – genauso wie ein Wissenschaftler, der mit einer hinterlistigen Futterbelohnung ein Versuchstier zu irgendeiner Tätigkeit bewegen will.

Tatsächlich schwamm einer der großen Elche zu dem Rhesusaffen heran. Schnell steckte ihm der ebenso schlaue wie wasserscheue Kerl die Banane ins Maul, als Fahrkarte sozusagen, sprang auf den breiten Rücken und ließ sich mit diesem «Fährschiff» ins Nachbargehege übersetzen. Von hier aus war die Flucht dann nur noch ein Affenkinderspiel.

Schließlich noch eine Geschichte von Pavianen (ebenda, S. 101 f.):

Im Freigehege eines Zoos schwang sich das stärkste Männchen zum Sultan auf und verbot allen anderen Männchen intimen Umgang mit seinen «Damen». Ja, er duldete nicht einmal den kleinsten Flirt. Doch konnte der Gefürchtete nicht immer und überall aufpassen. Hielt er einmal irgendwo im Schatten eines Felsens ein Schläfchen, konnte es schon geschehen, dass die Damen fremdgingen, ja sie legten es geradezu darauf an. Eine Haremsdame, die von ihrem Sultan längere Zeit vernachlässigt worden war, fing bei solch günstiger Gelegenheit unter Zurschaustellen all ihrer Reize ganz unverhohlen an, einen Junggesellen kirre zu machen.

In just diesem Augenblick erschien der Sultan wieder, und nun geschah das Unglaubliche: Als sei sie von einem Mörder bedroht, schrie die Seitenspringerin auf, riss sich los, gab dem eben noch Umworbenen eine Ohrfeige, floh laut jammernd in die Arme des verblüfften Sultans und «beschwerte» sich bei ihm, indem sie mit wütenden Gurgellauten böse zu dem von ihr Verführten hinüberschaute und mit den Armen auf die Erde trommelte. Und sie erreichte ihr Ziel: Der Sultan, der bei unerlaubten Intimitäten für gewöhnlich nur das Weib bestrafte, glaubte diese abgefeimte Lüge. Erst vermöbelte er den schuldlosen Junggesellen ganz gehörig, und dann überhäufte er die «Leidgeprüfte» mit Zärtlichkeiten.

Vorangehende Beispiele von Vitus Dröscher habe ich auch in meinem Buch *Leichenschmaus* (Kaplan, 1993a) als Belege für tierliche Intelligenz angeführt. Dies wurde (von Rippe, 1994, S. 137) mit «Verwun-

Die Ethische Weltformel

derung» registriert, handle es sich doch bei Dröscher um einen so «menschelnden Popularautor». Das ist eine vornehme Umschreibung für den Totschlagvorwurf Anthropomorphismus, also Vermenschlichung: Von ganzen Forschergenerationen wurden tierliches Bewusstsein und tierliche Intelligenz mit dem gebetsmühlenartig wiederholten Hinweis vom Tisch gefegt, hier handle es sich um eine unzulässige Vermenschlichung der Tiere, in Wirklichkeit beruhe tierliches Verhalten, das wir naiverweise als bewusst oder intelligent betrachten, auf bloßem Instinkt, stupidem Lernen oder reinem Zufall.

Dazu zweierlei: Erstens gibt es etwas ungleich Schlimmeres als Vermenschlichung, nämlich das Gegenteil: Verdinglichung. Solange leidensfähige Wesen in Tierfabriken und Versuchslabors wie gefühllose Roboter behandelt werden, ist es eine unerträgliche Unverschämtheit und Frivolität, das Wort «Anthropomorphismus» auch nur in den Mund zu nehmen!

Zweitens können jene wackeren Forscher und Philosophen, denen die Sorge um wissenschaftliche Objektivität schlaflose Nächte bereitet, von ihren Seelenqualen erlöst werden: Die Feststellung, dass Tiere über Bewusstsein und Intelligenz verfügen, entspringt nicht dem naiven Wunschdenken sentimentaler Tierfreunde, sondern ist inzwischen eindeutiges Ergebnis nüchterner Forschung.

So hat etwa die bekannte Zoologin und Dozentin für Verhaltensbiologie an der Universität Oxford Marian Stamp Dawkins (1994) mit ihrer Studie *Die Entdeckung des tierischen Bewusstseins* eine Arbeit vorgelegt, die an Logik und Stringenz nichts zu wünschen übrig lässt. Zunächst fahndet die Autorin gewissenhaft nach allen möglichen Voreiligkeiten, Nachlässigkeiten und anderen Fehlern, die beim Schließen auf tierliches Bewusstsein und tierliche Intelligenz passieren können. Dabei wendet sie stets das methodische Prinzip des Ockhamschen Messers an, wonach wir stets die einfachste, plausibelste Erklärung annehmen sollen.

Ein Beispiel soll diesen Grundsatz verdeutlichen: Wenn ich am Morgen im Postkasten einen Brief vorfinde, ist es sinnvoll anzunehmen, dass ihn der Briefträger hineingelegt hat. Theoretisch sind natürlich auch andere Erklärungen möglich. Etwa diese: In der Nacht ist ein UFO vor dem Haus gelandet, dem ist ein grünes Marsmännchen entstiegen, das den Postkasten mittels mentaler Kräfte geöffnet und dann den Brief hineingelegt hat.

Solange es die einfachere, plausiblere Erklärung mit dem Briefträger gibt, sollten wir entsprechend dem Ockhamschen Messer auch bei dieser bleiben, anstatt die zwar logisch mögliche, aber doch ziemlich un-

wahrscheinliche Marsmännchen-Version in Erwägung zu ziehen. Aufgrund des systematischen und konsequenten Aussonderns unwahrscheinlicher Erklärungen gelangt Dawkins schließlich zu tierlichen Verhaltensphänomenen, bei denen Bewusstsein und Intelligenz die einfachste Erklärung darstellen.

Erfreulicherweise können wir diese Methode anhand eines Beispieles veranschaulichen, das dem letzten – mit Anthropomorphismus-Verdacht versehenen – Dröscher-Beispiel nicht unähnlich ist:

> Hans Kummer, der viele Jahre lang Paviane erforschte, beschrieb einen Fall, bei dem sich alle Mitglieder des Trupps, den er gerade beobachtete, ausruhten. Dann verlagerte eines der Weibchen innerhalb von 20 Minuten nach und nach seine Position über zwei Meter hinweg, so dass es schließlich hinter einen Felsen gelangte, wo es begann, einem halberwachsenen Männchen das Fell zu pflegen. Hätte das dominante Männchen der Gruppe das gesehen, hätte es die beiden angegriffen, doch von der Stelle, an der es saß, konnte es nur den Schwanz, den Rücken und den oberen Teil des Kopfes des Weibchens sehen. Seine Vorderseite und seine Hände waren für das dominante Männchen unsichtbar, ebenso das junge Männchen, das sich hinter den Felsen gekauert hatte. Mit anderen Worten, das erwachsene Männchen sah zwar, wo das Weibchen war, aber nicht, was es tat. (Dawkins, 1994, S. 178 f.)

Natürlich könnte das Verhalten des Pavianweibchens auch als das Ergebnis eines reinen Lernvorgangs ohne jegliche Einsicht oder Intelligenz gedeutet werden: Es hat im Laufe der Zeit gelernt, dass man nur dann etwas in Ruhe machen kann, wenn man sich hinter einen Felsen zurückzieht. Dies hat das Tier vielleicht irgendwann zufällig entdeckt. Jetzt wendet es diese «Taktik» eben immer wieder an. Mit Planung oder der Absicht, das «betrogene» Tier zu täuschen, hat dies alles nichts zu tun. (Ebenda, S. 179)

Zwei Dinge sprechen aber klar gegen diese Interpretation: Erstens passierten solche Täuschungsmanöver nicht ständig, sondern waren seltene Ereignisse – eingestreut zwischen «normalem», «echtem» Verhalten ohne Täuschung. Hätte das Pavianweibchen einfach ohne jegliche Einsicht einen «Trick» gelernt, würden wir annehmen, dass es diesen dauernd anwendet und nicht nur ab und zu. (Ebenda, S. 179 f.)

Zweitens und vor allem ist da die extrem langsame Bewegung zum Felsen hin. Hätte das Pavianweibchen einfach stur gelernt, dass die einfachste Methode, um nicht vom dominanten Männchen verjagt zu werden, darin besteht, sich hinter einem Felsen zu verstecken, dann würden wir doch annehmen, dass es sich direkt dorthin begibt und sich nicht während einer Dauer von zwanzig Minuten buchstäblich zentimeterweise hinschmuggelt! (Ebenda, S. 180)

Letzteres verwundert hingegen überhaupt nicht, wenn wir annehmen, dass das Weibchen *erkannt* hat, dass es vom Männchen beobachtet wird und nun *absichtlich* versucht, dieses zu täuschen. Dafür spricht auch die Position des Weibchens hinter dem Felsen: Der Hinterkopf war für das Männchen sichtbar, nicht aber Gesicht und Hände. So wusste das Männchen, dass das Weibchen in der Nähe war, sah aber nicht, was es «Verbotenes» tat. (Ebenda)

> Dies ließe sich zwar als komplizierter Lernprozess erklären (das Weibchen hatte sich gemerkt, dass es gejagt wird, wenn es nicht eine bestimmte Position zum Felsen einnimmt). Die einfachste Erklärung lautet jetzt aber: Das Weibchen wusste, was das Männchen reizt, und täuschte es daher absichtlich, indem es versuchte, seine Bewegungen auf den Felsen zu so unauffällig wie möglich zu machen. Als es dann hinter dem Felsen angelangt war, versuchte es, sein Tun vor dem Blick des Männchens zu verbergen. (...) Ockhams Messer favorisiert in diesem Fall wirkliche Einsicht, beziehungsweise Intelligenz. (Ebenda, S. 180 f.)

Berichte über Täuschungsmanöver bei Affen sind Legion (z. B. *Blick zurück*, 1988, S. 210 f., *Gnadenlose Geduld*, 1994, S. 215, Barth, 1992, S. 266 ff.). Aber auch von anderen Tieren werden erstaunliche Intelligenzleistungen berichtet. Etwa von Schweinen (Comstock, 1992, S. 122 f., *Schweine!*, 1996, S. 14 ff.), Delphinen (Scheub, 1989, S. 30 f.), Tintenfischen («*Sehr alt, sehr klug*», 1997, S. 150 ff.), Vögeln im Allgemeinen (Clifton, 1990, S. 19–24) und Hühnern im Besonderen (Robbins, 1989, S. 12 ff.) sowie von Würmern (Rachels, 1991, S. 134 f.). Für einen Überblick über die Intelligenzforschung in Bezug auf Tiere siehe Linden, 1994, S. 22 ff.

In Bezug auf die Manifestationen tierlicher Intelligenz sind vor allem die Bereiche Kommunikation und Werkzeuggebrauch bedeutsam. Über *Unerhörte Töne aus der Welt der Tiere* berichtet Sy Montgomery (1992, S. 34 ff.). Damit meint er zweierlei: die geradezu unglaublichen Kommunikationsleistungen, die Tiere vollbringen, und die Wahrnehmungskanäle, innerhalb derer diese Kommunikationen stattfinden. Ein Großteil der Verständigung unter Tieren erfolgt nämlich auf Wahrnehmungsebenen, die dem Menschen unzugänglich sind, etwa im Infraschallbereich. Zur Kommunikation unter Tieren siehe vor allem auch das bereits erwähnte Buch *Die Supersinne der Tiere* von John

Downer (1990) sowie den Bericht *«Ein Mensch kann sie um diese Vielfalt nur beneiden»* von Christian Quatmann (1990/91, S. 22–24).

Neben der Kommunikation ist, wie gesagt, auch der Werkzeuggebrauch ein wichtiger Beleg für tierliche Intelligenz. Auch hierzu existiert eine Fülle von Berichten, zum Beispiel *Frühform des Heimwerkers*, 1997, S. 196, *Spinne am Haken*, 1996, S. 162 f., *Siegeszug aus der Sackgasse (II)*, 1995, S. 140, 145, und Goodall, 1994, S. 23.

Der Werkzeuggebrauch bei Tieren ist im Übrigen noch aus einem anderen Grund ein interessantes Thema: Anhand dieses Merkmals lassen sich wie kaum irgendwo sonst die ebenso verzweifelten wie vergeblichen Versuche, die Sonderstellung des Menschen zu verteidigen, veranschaulichen. Volker Arzt und Immanuel Birmelin (1993, S. 290 f.) rekonstruieren die Demontage einer Illusion:

Lange Zeit galt der Gebrauch von Werkzeugen als exklusiv menschliches Merkmal. Doch dann entdeckte man, dass Galapagos-Finken mit kleinen Ästen nach Insekten stochern und Laubenpieper mit Rindenpinsel und Beerenfarbe ihre Laube ausmalen. Umgehend wurde umdefiniert: Nicht der *Gebrauch* von Werkzeug unterscheidet den Menschen von allen anderen Wesen auf Erden, sondern die *Herstellung* von Werkzeug.

Das war ja gerade noch einmal gutgegangen – bis man entdeckte, dass Brillenbären Stöcke zurechtbrechen, um damit Früchte vom Baum zu holen, und Schimpansen Zweige exakt so stutzen und zerfasern, dass sie eine optimale Termitenangel abgeben. Also wieder nichts mit der fein säuberlichen Trennung der «Krone der Schöpfung» vom Rest der Welt!

Eine weitere Kriteriumsverschärfung musste her: *Werkzeuggebrauch zur Werkzeugherstellung* hieß die neue Zauberformel, um die Exklusivität des Clubs Homo sapiens zu retten. Doch der Zwergschimpanse Kanzi machte auch einen Strich durch diese Rechnung:

Er beobachtete, wie seine Lieblingsspeise in eine Schachtel gegeben und diese versperrt wurde. Weiter sah er, dass der Schlüssel in einer zweiten Schachtel deponiert und diese mit reißfestem Band verschnürt wurde. Kanzi erinnerte sich an einige Flintsteine, die er einmal während eines Ausflugs gefunden und mitgenommen hatte. Diese zertrümmerte er nun auf hartem Zementfußboden und wählte aus den so entstehenden Stücken einen besonders handgerechten und scharfen Splitter aus. Mit diesem «Messer» durchschnitt er nun die Verschnürung der Schlüsselbox und öffnete mit dem sich darin befindenden Schlüssel die Leckerbox. «Kanzi hatte mit Bedacht Steine und Zementuntergrund eingesetzt, um sich ein Werkzeug herzustellen, mit dem er sich ein anderes Werkzeug verschaffen konnte, um es gezielt einzusetzen» (S. 291).

Nachdem sich somit auch das Kriterium Werkzeuggebrauch zur Werkzeugherstellung als untaugliches Mittel zur Abgrenzung des Menschen von allen anderen Wesen erwiesen hatte, wurde der Versuch, die menschliche Einzigartigkeit über den Umgang mit Werkzeug zu definieren, schließlich aufgegeben. (Ebenda)

Ein so komplexes Phänomen wie Intelligenz lässt sich nur schwer isoliert darstellen. Insbesondere ist Intelligenzverhalten untrennbar verknüpft mit Sozialverhalten (was vor allem im Bereich Kommunikation deutlich wird). Dieser engen Verbindung zwischen Intelligenz und Sozialleben werden wir im nächsten Abschnitt noch Rechnung tragen.

1.5 Sozialleben

Wie bei der Intelligenz, so gibt es auch im Sozialleben der Tiere Phänomene, bei denen es abwegig wäre anzunehmen, dass sie *nicht* mit Bewusstsein, also mit subjektivem Erleben verbunden sind. Grundlage des Soziallebens ist bei Tieren wie bei Menschen die Fähigkeit, Liebe zu geben, das Bedürfnis, Liebe zu empfangen, und das Leiden, das die Verhinderung oder Zerstörung von Liebesbeziehungen verursacht. (Vgl. Robbins, 1987, S. 37–39)

Die eindrucksvollsten Belege für tierliches Sozialleben sind wohl die emotionalen Beziehungen zwischen Müttern und Kindern. Die Verhinderung oder Zerstörung dieser Beziehungen führt wie bei Menschen zu schwersten und unter Umständen lebenslangen psychischen Schäden – bis hin zum buchstäblichen Wahnsinn. Die grauenerregenden Versuche an Affen, die der amerikanische Psychologe Harry Harlow durchgeführt hat, veranschaulichen dies auf erschütternde Weise. In einem Artikel beschreiben Harlow und sein Kollege Stephen Suomi,

> wie sie die «faszinierende Idee» hatten, Depressionen zu erzeugen, indem sie «Affenbabies gestatteten, sich an Surrogatmütter aus Stoff zu binden, die sich in Ungeheuer verwandeln konnten»:
> «Das erste dieser Ungeheuer war eine Affenmutter aus Stoff, die nach einem Stundenplan oder auf Verlangen mit Hochdruck komprimierte Luft ausstieß. Dem Tier wurde praktisch die Haut vom Körper geblasen. Und was tat das Affenbaby? Es klammerte sich immer inniger an die Mutter, weil ein erschrockenes Baby sich um jeden Preis an seine Mutter klammert. Wir erreichten keinerlei Psychopathologie. Wir gaben jedoch nicht auf. Wir bauten eine

andere Ersatzmutter, ein Ungeheuer, das so heftig schaukelte, dass Kopf und Zähne des Babys klapperten. Alles, was das Baby tat, war ein immer festeres Anklammern an die Ersatzmutter. Das dritte Ungeheuer, das wir bauten, hatte einen eingebauten Drahtrahmen im Körper, der heraussprang und den Säugling von der Bauchoberfläche der Ersatzmutter herunterwarf. Das Baby stand vom Boden auf, wartete, bis der Drahtrahmen wieder in dem Stoffkörper verschwunden war, und hängte sich dann wieder an die Ersatzmutter. Schließlich bauten wir unsere Stachelschwein-Mutter. Auf Kommando traten ihr aus der Bauchoberfläche scharfe Messingstacheln. Obwohl die Babies unter dieser stacheligen Zurückweisung litten, warteten sie einfach, bis die Stacheln wieder verschwanden, und kamen dann zurück und klammerten sich an die Mutter.»

Diese Ergebnisse, so bemerken die Experimentatoren, sind nicht überraschend gewesen, da die einzige Zuflucht eines verletzten Kindes darin besteht, sich an seine Mutter zu klammern. Schließlich gaben Harlow und Suomi die künstlichen Ungeheuer-Mütter auf, weil sie etwas Besseres fanden: eine echte Affenmutter, die ein Ungeheuer war. Um solche Mütter zu produzieren, zogen sie weibliche Affen isoliert auf und versuchten dann, sie zu schwängern. Leider hatten die Weibchen keine normalen sexuellen Beziehungen zu männlichen Affen und mussten daher mittels einer Technik geschwängert werden, die Harlow und Suomi als «Vergewaltigungsbank» bezeichneten. Als die Babies geboren waren, beobachteten die Forscher die Affen. Sie stellten fest, dass einige die Säuglinge einfach ignorierten und die schreienden Babies nicht an die Brust nahmen, wie es normale Äffinnen tun, wenn sie ihr Baby schreien hören. Das andere Verhaltensmuster war unterschiedlich:

«Die anderen Äffinnen waren brutal oder mörderisch. Einer ihrer Lieblingstricks bestand darin, den Schädel ihres Säuglings mit den Zähnen zu zerbeißen. Das Verhaltensmuster aber, das wirklich Übelkeit erzeugte, bestand darin, den Säugling mit dem Gesicht auf den Boden zu schmettern und ihn dann hin und her zu reiben» (Singer, 1982, S. 59 f.).

Das also sind die Folgen verhinderten tierlichen Soziallebens. Einen drastischeren Beleg für die Bedeutung des Soziallebens für Tiere kann man sich wohl kaum vorstellen.

Es gibt viele eindrucksvolle Beschreibungen des reichen, ausgeprägten und differenzierten Soziallebens von Tieren. Verwiesen sei etwa auf das Sozialleben von Schweinen (Comstock, 1992, S. 122 f.), Elefanten (*Die grauen Riesen ...*, 1989, S. 6), Gorillas (Fossey, 1989) und Schimpansen (Goodall, 1991). Besondere Erwähnung verdient in diesem Zusammenhang ein Buch mit dem bezeichnenden Titel *Wilde Diplomaten*, verfasst vom renommierten Ethologen Frans de Waal (1991). Hier wird das frappierend komplexe, differenzierte und flexible Instrumentarium von Primaten zu Versöhnung, Friedensstiften und Konfliktlösen anschaulich und umfassend dargestellt.

Wie jeder aus eigener Erfahrung weiß, ist das Sozialleben eng mit dem Gefühlsleben verbunden. Bei sozialen Kontakten spielen Gefühle eine wichtige Rolle. Auf das reiche und vielschichtige Gefühlsleben der Tiere hingewiesen zu haben, ist das Verdienst von Jeffrey M. Masson und Susan McCarthy (1996). In ihrem Buch *Wenn Tiere weinen* haben sie diesen lange Zeit vernachlässigten Aspekt tierlichen Seelenlebens ausführlich behandelt. Allerdings ist der Titel der deutschen Ausgabe irreführend bzw. wenig aussagekräftig. Der Untertitel der englischen Originalausgabe, *The Emotional Lives of Animals*, trifft den Inhalt ungleichlich besser.

Einen aufschlussreichen Beitrag zur Erhellung des tierlichen Gefühlslebens hat auch Marian Stamp Dawkins (1994, S. 189–219) geleistet. Interessant sind hier vor allem die experimentellen Ansätze, um das Gefühlsleben der Tiere methodisch sauber zu erfassen. Schließlich sei noch auf den Beitrag *Schimpansen – Die Überbrückung einer Kluft* von Jane Goodall (1994, v. a. bis S. 25) verwiesen, in dem es der weltbekannten Forscherin eindrucksvoll gelingt, sowohl das reiche Gefühlsleben als auch das differenzierte Sozialleben der Schimpansen anschaulich darzustellen.

Am Ende des vorangegangenen Abschnitts haben wir auf die enge Verknüpfung von Sozialleben und Intelligenz hingewiesen. Darauf wollen wir nun zurückkommen. Zuvor sei aber noch auf einen Aspekt bezüglich Intelligenz und Gefühlsleben verwiesen, den es zu beachten gilt, wenn uns an einer repräsentativen *Gesamtsicht* gelegen ist: Wir dürfen bei Tieren das Merkmal Intelligenz nicht über- und das Merkmal Gefühlsleben nicht unterbewerten. Denn während wir Menschen im Hinblick auf Intelligenz im Vergleich zu Tieren quasi immer «Weltmeister» sein werden (jedenfalls in Bezug auf Intelligenz, wie wir sie definieren), ist das in Bezug auf das Gefühlsleben keineswegs so sicher. Vielmehr ist es ohne weiteres möglich, dass die vielleicht kleinere «Gefühlspalette» der Tiere durch größere Gefühlsintensität kompensiert wird. (Vgl. Sapontzis, 1994, S. 415 f.)

Abschließend wollen wir dem Umstand Rechnung tragen, dass eine isolierte Betrachtung tierlicher Eigenschaften und Fähigkeiten stets problematisch ist und daher eine erweiterte Perspektive der Realität besser gerecht wird. Insbesondere Intelligenz und Sozialleben lassen sich, wie gesagt, nicht säuberlich voneinander trennen, ohne der psychischen Gesamtwirklichkeit Gewalt anzutun.

Zunächst eine allgemeine Charakterisierung des Gorillaweibchens Koko durch Wendy Gordon und Francine Patterson (1994, S. 94 f.): Koko verständigt sich in einer Zeichensprache (die ihr gelehrt wurde), von der sie mehr als tausend Wörter versteht und benutzt. Sie versteht gesprochenes Englisch und kann auf Englisch gestellte Fragen in der Zeichensprache antworten. Außerdem kann sie gedruckte Wörter, darunter den eigenen Namen, lesen.

Kokos Selbstbewusstsein kommt unter anderem darin zum Ausdruck, dass sie vor dem Spiegel auf sich bezogene Handlungen vollzieht, etwa Grimassen schneidet oder ihre Zähne untersucht. Sie lügt, um unangenehme Folgen eigenen Fehlverhaltens zu vermeiden, erfindet Spiele, die sie alleine oder mit anderen spielt, und malt und zeichnet. Koko spricht über vergangene Ereignisse und versteht und verwendet Wörter wie «vorher», «nachher», «später» und «gestern».

Koko lacht über Scherze und macht auch selber welche. Sie weint, wenn sie verletzt ist oder alleine gelassen wird, und schreit, wenn sie sich fürchtet oder ärgert. Koko spricht über ihre Gefühle und benutzt dabei Wörter wie «glücklich», «traurig», «furchtsam», «freuen», «begierig», «enttäuschen», «böse» und vor allem «Liebe».

Koko trauert um diejenigen, die gestorben sind oder die sie verlassen haben. Sie spricht darüber, was passiert, wenn jemand stirbt, wird aber nervös, wenn sie über ihren eigenen Tod oder über den ihrer Freunde sprechen soll.

Eine «Kollegin» (oder wohl besser: Leidensgefährtin!) von Koko ist die Schimpansin Washoe (Fouts/Fouts, 1994, Fouts/Mills, 1998). Washoe wurde von den amerikanischen Wissenschaftlern Allen und Beatrice Gardner aufgezogen (Singer, 1994, S. 148) und wie ein menschliches Kind ohne Stimmbänder behandelt. (Vorangegangene Versuche, Schimpansen das Sprechen beizubringen, waren an deren fehlenden stimmlichen Voraussetzungen zum Sprechen gescheitert.)

Die Gardners brachten Washoe die amerikanische Zeichensprache für Taubstumme bei. Damit war sie die erste Schimpansin, die je mittels einer menschlichen Sprache mit Menschen kommunizierte. Im Alter von fünf Jahren wurde Washoe von ihren menschlichen Zieheltern getrennt (Fouts/Fouts, 1994, S. 49 f.), um an anderen wissenschaftlichen

Projekten teilzunehmen. (Ein Verbrechen, das deutlich und scharf genug gar nicht verurteilt werden kann. Entsprechende Kritik ob dieser Barbarei vermisst man selbst in der Tierrechtsliteratur.)

Die Gardners besuchten Washoe erst nach *elf* Jahren wieder. Washoe wurde vom bevorstehenden Besuch ihrer «Eltern» nichts gesagt. Es sollte eine Überraschung werden. Washoe lebte jetzt gemeinsam mit anderen Schimpansen, die die Gardners ebenfalls von früher her kannten, bei Roger und Deborah Fouts. Diese anderen Schimpansen hatten die Gardners allerdings erst vor relativ kurzer Zeit gesehen (ebenda, S. 56 f., 64). Roger und Deborah Fouts beschreiben das Wiedersehen von Washoe mit ihren menschlichen «Eltern» (ebenda, S. 64 f.): Als die Gardners

> ins Haus kamen, taten die … Schimpansen … etwas für sie völlig Ungewöhnliches. Wenn Fremde uns besuchen, zeigen die Schimpansen normalerweise ein drohendes Verhalten, um die Fremden einzuschüchtern und zu vertreiben. Wenn wir als ihre vertrauten Freunde zu ihnen kommen, begrüßen sie uns gewöhnlich mit keuchenden Lauten, und Washoe und die anderen zeigen uns «komm / umarmen» oder wollen uns berühren. Doch als die Schimpansen die Gardners sahen, verhielten sie sich … völlig anders; sie setzten sich auf den Boden und starrten ihre Gäste an, als seien sie sprachlos. (…)
> Die nächste Überraschung war, dass Washoe, als sie die Gardners anschaute, in der Zeichensprache ihre Namen nannte. Sie hatte sie zum letztenmal vor elf Jahren gesehen … und sie erinnerte sich noch jetzt an sie und die Zeichen für ihre Namen. Dann wendete sich Washoe an Beatrice Gardner und machte die Zeichen «komm, Mrs. G.». Damit führte sie Mrs. Gardner in ein benachbartes Zimmer und fing an, mit ihr ein Spiel zu spielen, das sie zum letztenmal als Fünfjährige … gespielt hatte.

1.6 Moral

Sind Tiere auch moralische Wesen? Können auch Tiere moralisch handeln? Bevor wir uns dieser Frage zuwenden, wollen wir noch kurz auf eine andere eingehen: Welche Beziehung besteht zwischen Moral einerseits und Intelligenz bzw. Rationalität andererseits? Die Rolle, die der Rationalität im Zusammenhang mit Moral traditionell zugeschrieben wird, erscheint bei näherer Betrachtung korrekturbedürftig (vgl. Sapontzis, 1987, S. 216–218):

Erstens führt die höhere Rationalität des Menschen meist gerade nicht zu *moralischem*, sondern zu *Macht*verhalten: Unsere «Vernunftbegabt-

heit» nutzen wir in aller Regel nicht dazu, moralische Erwägungen anzustellen, sondern dazu, andere zu beherrschen und auszubeuten. Das läuft auf das «Recht des Stärkeren» hinaus, das seinerseits keine moralische Legitimation für sich in Anspruch nehmen kann.

Zweitens wird auch die Bedeutung der Rationalität *bei* moralischem Handeln überschätzt. Viel wichtiger als moralische *Erwägungen* sind nämlich moralische *Neigungen.* Das geläufige Moralkonzept der Pflichterfüllung nach vorgeschalteter rationaler Erwägung ist einseitig und unrealistisch. Moralische Neigungen, Gefühle und «Instinkte» spielen eine viel wichtigere Rolle, als gemeinhin wahrgenommen wird. Denken wir nur an gute Eltern: *Liebende* Eltern sind mindestens so wertvoll wie *pflichterfüllende* Eltern! Worauf es bei guten Eltern ankommt, ist nicht so sehr ihre Fähigkeit, komplexe moralische Überlegungen anzustellen, als vielmehr, dass sie gezielt und zuverlässig das für ihr Kind Beste tun. Deshalb ist es auch unsinnig, aufopfernden Tiereltern wegen ihrer geringeren Rationalität gleich auch ihre Moralität abzusprechen.

Bevor wir uns nun mit tierlichem Moralverhalten auseinander setzen, wollen wir uns einige konkrete Beispiele ansehen, damit wir auch wirklich wissen, wovon die Rede ist:

> Im Seengebiet der Kleinen Antillen hatte sich ein Delphin-Jüngling weit außerhalb der Sichtweite von seinem Trupp entfernt, als er plötzlich von drei Haien angegriffen wurde. Sofort stieß er eine Serie schriller Pfiffe aus: SOS-Signale in der Delphin-Sprache. Die kurzen Doppeltöne klingen wie eine überdrehte Alarmsirene: Der erste Teil steigt in der Tonhöhe scharf an, der zweite fällt ebenso schroff wieder ab.
>
> Die Wirkung war verblüffend. Der etwa zwanzigköpfige Delphintrupp, der mit Pfeif-, Quietsch-, Grunz-, Gurgel-, Brumm- und Piepslauten ein lebhaftes Palaver führte, stellte seine «Unterhaltung» sofort ein. Wie bei Notrufen im Schiffsverkehr herrschte absolute «Funkstille». Dann schossen die Tiere mit ihrer Höchstgeschwindigkeit von 60 km/st zum Ort des Überfalls. Die Delphin-Männer rammten mit unvermindertem Tempo die Haie. Immer wieder fuhren sie krachend in ihre Seiten, bis die Haie zerquetscht und mit gebrochenem Knorpelskelett tot in die Tiefe der Karibischen See sanken.
>
> Während des Kampfes bemühten sich die Weibchen um den schwerverletzten Jung-Delphin, der nicht mehr aus eigener Kraft auftauchen konnte. Zwei nahmen ihn in die Mitte, schoben sich unter seine Seitenflossen und hielten ihn so hoch, dass das Blasloch

am Kopf aus dem Wasser ragte und der Verletzte wieder atmen konnte. Unter wechselseitigen Pfeifsignalen wurde das Hilfsmanöver exakt durchgeführt. Von Zeit zu Zeit lösten sich die Krankenträger ab. Einmal wurde beobachtet, wie diese Hilfeleistungen zwei volle Wochen lang Tag und Nacht unermüdlich fortgesetzt wurden, bis der Verletzte wieder gesund und bei eigenen Kräften war. (Dröscher, 1987b, S. 95 f.)

Von einem Schießtouristen wurde ein Schimpanse schwer verwundet und stürzte zu Boden. Als er daraufhin einen schrillen Hilferuf ausstieß, umringten ihn die anderen Truppmitglieder, richteten ihn auf, stützten ihn mit «unglaublich menschlichen Gebärden» und forderten ihn mit sanften Lauten zum Gehen auf. Währenddessen hatte sich ein starker Affe laut kreischend zwischen den Krankentransport und die Jäger geworfen. Erst als er durch wiederholte Rufe seiner Gefährten hörte, dass sie im dichten Gehölz Schutz gefunden hatten, brachte er sich selber in Sicherheit. (Ebenda, S. 96)

Besonders erstaunlich ist, dass Schimpansen ihre Hilfsbereitschaft nicht nur ihresgleichen beweisen. Als der holländische Forscher in dem Urwaldpfad ein Hühnerküken anleinte, befreiten die robusten Schimpansen auch dieses piepsende, zierliche Etwas von der Fessel, und zwar ohne das zarte Beinchen des kleinen Federflauschs zu verletzen. (Ebenda, S. 97)

James Rachels (1976, S. 215 ff.) berichtet von einem teuflischen Experiment, das in den USA mit Rhesusaffen durchgeführt wurde. Auf Einzelheiten der Versuchsanordnung brauchen wir hier nicht einzugehen. Es genügt, Grundkonzeption und Ergebnis des Experiments kurz darzustellen:

Jeweils zwei Tiere wurden in eine Vorrichtung gegeben, die in der Mitte durch eine Glaswand abgetrennt war. Auf der einen Seite hatte das sich dort befindende Tier die Möglichkeit, durch Betätigung eines Hebels Nahrung zu erhalten. Der Boden des Abteils auf der anderen Seite, wo sich das zweite Tier befand, konnte unter Strom gesetzt werden.

Nun wurde die Versuchsanlage so eingestellt, dass jedes Mal, wenn das erste Tier den futterspendenden Hebel drückte, dem zweiten ein starker, sehr schmerzhafter Elektroschock versetzt wurde. Auf diese Weise konnte festgestellt werden, ob und in welchem Maße das erste Tier auf Nahrung verzichten würde, um dem zweiten den Elektroschock zu ersparen.

Es zeigte sich, dass eine deutliche Mehrheit der Versuchstiere, die in das Abteil mit dem futterspendenden Hebel gegeben wurden, es vorzog, tagelang zu hungern, anstatt dem anderen Tier einen Elektroschock zu versetzen.

E. Gavin Reeve (1978, S. 562) berichtet von einem Mischlingshund namens Blackie, der vergeblich versucht hatte, den vier Monate alten Säugling Ian vor dem Feuertod zu bewahren. Beide kamen in den Flammen um.

Zwar hatte niemand den tapferen Rettungsversuch des Hundes direkt beobachtet, aber dieser hatte eindeutige Spuren hinterlassen: leichte Abdrücke seiner Zähne an den Schultern des Babys, die vom Versuch, es vom Feuer wegzuziehen, zeugten.

Dieses war in der Küche ausgebrochen. Während die Mutter zu ihren beiden anderen Kindern eilte, rannte Blackie in Ians Schlafzimmer. Die Mutter hörte einen dumpfen Schlag: wahrscheinlich der Aufprall des Kindes am Boden, nachdem der Hund es aus seinem Bett gezogen hatte.

Der tote Ian wurde nur wenige Zentimeter von Blackies ausgestreckten Pfoten entfernt gefunden.

Der Hund war der Familie ein Jahr zuvor zugelaufen und seit Ians Geburt meist an dessen Bett gesessen.

Zahllose weitere Beispiele für selbstloses, moralisches Verhalten bei Tieren finden sich bei John Robbins (1987, S. 20 ff.) und Joan Dunayer (1990, S. 27 ff.).

Was ist dazu zu sagen, wie sind diese Berichte über moralisches Verhalten bei Tieren zu bewerten? Zunächst und vor allem: Es gibt keinen vernünftigen Grund für die Annahme, dass es zwischen Menschen und Tieren im Hinblick auf moralisches Verhalten eine scharfe Trennungslinie gibt. Zwar fehlt es nicht an Erklärungsversuchen dafür, dass selbstloses tierliches Verhalten «letztlich» doch egoistisch (oder «rein instinktiv») sei – etwa weil es (wenn es Verwandte betrifft) der Erhaltung der eigenen Gene diene oder die Chance, dass einem selbst einmal geholfen wird, erhöhe. Nur: All diese Diskreditierungsversuche tierlicher Moral können *mit gleicher Berechtigung* auch auf die menschliche Moral angewandt werden! Auch unsere Gene «profitieren», wenn wir Verwandten das Leben retten, und auch wir helfen eher Bekannten, bei denen die Chance, dass sie sich einmal dafür «revanchieren», größer ist als bei Fremden. (Ebenda)

Wie künstlich und an den Haaren herbeigezogen die starre Grenzziehung: Moral bei Menschen – Instinkt bei Tieren ist, veranschaulichen eindrucksvoll die zahllosen und gut belegten Fälle von tierlichem Rettungsverhalten: Kein Hund rennt «instinktiv» in ein brennendes Haus, um einen Menschen vor dem Flammentod zu retten! (Ebenda, S. 47)

Der Umstand, dass es zwischen der Moral bei Tieren und der Moral bei Menschen wohl einen graduellen, aber keinen grundsätzlichen Unterschied gibt, ist in der unleugbaren Tatsache evolutionärer Kontinuität begründet. So dokumentiert etwa Frans de Waal (1997) in seinem aufschlussreichen Buch *Der gute Affe – Der Ursprung von Recht und Unrecht bei Menschen und anderen Tieren*, dass sich die Voraussetzungen für Moral, etwa die Neigung, soziale Normen zu entwickeln und einzuhalten, Empathie- und Sympathiefähigkeit sowie gegenseitige Hilfe, lange *vor* dem Menschen entwickelt haben. Wer diese gemeinsame Grundlage tierlichen und menschlichen Moralverhaltens abwerte, ähnle, so de Waal treffend, demjenigen, der, an der Spitze eines Turmes angelangt, den restlichen Teil des Gebäudes für unwichtig erklärt und den Begriff «Turm» nur für den obersten Abschnitt gelten lassen möchte. (S. 258 f.; vgl. *Schuld und Sühne*, 1996, S. 248 f.)

1.7 Selbstbewusstsein

Nachdem wir nun gesehen haben, dass Tiere bewusste, intelligente, soziale und moralfähige Wesen sind, hat sich die Frage, ob sie auch selbstbewusst sind, im Grunde schon von selbst beantwortet: Natürlich sind sie es! Es wäre ja völlig absurd anzunehmen, dass Wesen mit so hoch entwickelten und differenzierten Fähigkeiten sich *nicht* ihrer selbst bewusst wären.

Wir brauchen nur an obige (1.5) Beschreibungen von Koko und Washoe zu denken, um sofort zu erkennen, dass es sich hier um selbstbewusste Wesen handelt. Oder erinnern wir uns (1.4) an den Rhesusaffen, der sich durch «Bestechung» die Freiheit erkaufte, an den Biber, der sich durch raffinierte Täuschung seiner Verwandten Futter verschaffte, oder an die beiden ebenso untreuen wie listigen Pavianweibchen!

Gerade tierliche Täuschungsmanöver sind untrügliche Belege für tierliches Selbstbewusstsein. Denn um andere täuschen zu können, muss man die Wirkung, die von einem selbst ausgeht, genau kennen und gezielt einsetzen. Das Wissen um die *Wirkung* seiner selbst impliziert aber das Wissen um das *Vorhandensein* seiner selbst, das Bewusstsein, selbst zu sein.

2. Moral für Tiere

2.1 Die Tierrechtsbewegung

Seit Mitte der siebziger Jahre des zwanzigsten Jahrhunderts hat sich neben der traditionellen Tierschutzbewegung eine neue Tierrechtsbewegung gebildet. Während sich Tierschützer de facto mit der «Reformierung» oder «Humanisierung» der Ausbeutung von Tieren begnügen, fordern Tierrechtler die *Beendigung* der Ausbeutung von Tieren. Und bei Lichte besehen ist ja auch eine «Humanisierung» etwa der Schlachtung genauso ein Unding wie eine «Humanisierung» von Sklaverei oder Folter.

Neu an der Tierrechtsbewegung ist aber vor allem auch ihr ausdrücklich rationaler Charakter. Während frühere moralische Ansätze in Bezug auf unseren Umgang mit Tieren immer starke esoterische oder gar religiöse Aspekte beinhalteten – und daher entsprechend angreifbar waren –, ist die Ethik bzw. Philosophie der Tierrechtsbewegung einer rationalen Tradition verpflichtet.

Das hat den unschätzbaren Vorteil, dass Widersprüche zwischen verschiedenen Positionen nunmehr, zumindest potentiell, rational formuliert und damit prinzipiell auch rational gelöst werden können – während sich früher die Vertreter unterschiedlicher Positionen verständnislos gegenüberstanden, weil sie keine gemeinsame Sprache hatten. Fatale Folge dieser fehlenden Kommunikationsmöglichkeit: Die Frage nach dem richtigen Umgang mit Tieren blieb weitgehend eine Glaubensfrage.

Dank der Tierrechtsbewegung gibt es heute eine umfangreiche und zum Teil wissenschaftlich sehr hochkarätige ethische Literatur über den moralischen Status von Tieren, die an den philosophischen Instituten der Universitäten in aller Welt lebhaft diskutiert wird. Diese «Verwissenschaftlichung» der Tierethik hatte einen unschätzbaren Vorteil: die Beendigung der bisherigen Zwei-Klassen-Ethik:

Vor der Tierrechtsbewegung war es überhaupt keine Frage, dass der Mensch und *nur* der Mensch Gegenstand der «richtigen», wissenschaftlichen Ethik war. Daneben gab es, bestenfalls, so etwas wie eine esoterische Neben- oder Unterethik, die sich auch mit unserem Umgang mit Tieren befasste. Damit ist es jetzt ein für alle Mal vorbei. Es entstehen immer mehr ethische Ansätze, die sich mit dem richtigen Umgang mit Menschen *und* Tieren befassen.

Im Folgenden sollen die beiden wichtigsten ethischen Theorien der philosophischen Tierrechtsliteratur, jene von Peter Singer und von Tom Regan, in ihren Grundzügen dargestellt werden.

2.2 Peter Singers Ethik

2.2.1 Gleichheitsprinzip

Peter Singers 1975 erschienenes Buch *Animal Liberation* (deutsch: *Befreiung der Tiere*, 1982) gilt als Initialzündung der Tierrechtsbewegung. Singers zentrales Konzept ist das Prinzip der gleichen Interessenabwägung, kurz: das Gleichheitsprinzip. Kern dieses Gleichheitsprinzips ist, «dass wir in unseren moralischen Überlegungen den ähnlichen Interessen all derer, die von unseren Handlungen betroffen sind, gleiches Gewicht geben» (Singer, 1994, S. 39; vgl. 1978, S. 197, 1985, S. 9). Einfacher formuliert: Wir sollen den ähnlichen Interessen all derer, die von unseren Handlungen betroffen werden, gleiches bzw. möglichst gleiches, also ähnliches moralisches Gewicht verleihen. Oder noch prägnanter: Ähnliche Interessen sollen ähnlich gewichtet werden.

Singer betont immer wieder, dass das Gleichheitsprinzip keine Tatsachenbehauptung beinhaltet, sondern ein *moralisches* Prinzip ist: «Das Prinzip der Gleichheit aller Menschen ist nicht die Beschreibung einer angenommenen tatsächlichen Gleichheit der Menschen, sondern es ist eine Vorschrift, die uns sagt, wie wir andere Menschen behandeln sollen» (Singer, 1996a, S. 32, im Original hervorgehoben; vgl. 1994, S. 39). Dieser Hinweis kann gar nicht oft genug wiederholt werden. Denn das mit Abstand häufigste Missverständnis im Zusammenhang mit dem Gleichheitsprinzip besteht eben darin, es so zu verstehen, als würde es eine faktische Gleichheit behaupten.

Worauf das Gleichheitsprinzip wirklich hinausläuft, ist hingegen schlicht dies: Interesse ist gleich Interesse, egal wessen Interesse es auch immer sein mag (Singer, 1994, S. 39). Das Gleichheitsprinzip funktioniert wie eine Waage:

> Interessen werden unparteiisch abgewogen. Echte Waagen begünstigen die Seite, auf der das Interesse stärker ist oder verschiedene Interessen sich zu einem Übergewicht über eine kleinere Anzahl ähnlicher Interessen verbinden; aber sie nehmen keine Rücksicht darauf, wessen Interessen sie wägen. (Singer, 1994, S. 40; vgl. 1978, S. 197)

Voraussetzung für die Anwendung des Gleichheitsprinzips ist natür-

lich, dass wir die Interessen der von unseren Handlungen Betroffenen kennen. Und diese Interessen können je nach Fähigkeiten und anderen faktischen Eigenschaften der Betroffenen völlig unterschiedlich sein. Deshalb fordert das Gleichheitsprinzip auch nicht, dass wir alle *gleich* behandeln sollen, sondern dass wir alle *entsprechend ihren Interessen* behandeln sollen.

Das nennt Singer «gleiche Berücksichtigung», was nichts anderes bedeutet, als dass wir die Interessen, die Wesen nun einmal haben, moralisch immer gleich ernst nehmen, moralisch immer gleich gewichten sollen, unabhängig davon, um wessen Interessen es sich handelt. Interessen müssen quasi «ohne Ansehung der Person» immer gleich ernst genommen werden.

Folgerichtig gilt: «Gleiche Berücksichtigung unterschiedlicher Wesen kann ... zu unterschiedlicher Behandlung ... führen» (Singer, 1996a, S. 29). So mögen uns etwa Interessenerwägungen bezüglich mathematisch begabter Kinder veranlassen, ihnen früh höhere Mathematik zu lehren, was bei anderen Kindern völlig zwecklos oder gar schädlich sein könnte (Singer, 1994, S. 41). «Aber das grundlegende Element, die Berücksichtigung der Interessen von Personen, welcher Art diese Interessen auch sein mögen, muss auf jeden Menschen angewendet werden, ungeachtet der Rasse, des Geschlechts oder der Werte eines Intelligenztests» (ebenda).

2.2.2 Leidensfähigkeit

Nun wäre es für Singer – und das ist der springende Punkt – völlig unannehmbar, das Gleichheitsprinzip auf den Umgang mit unseren Mitmenschen zu beschränken. Vielmehr betont er,

> dass wir, wenn wir das Prinzip der Gleichheit als eine vernünftige
> moralische Basis für unsere Beziehungen zu den Mitgliedern
> unserer Gattung akzeptiert haben, auch verpflichtet sind, es als
> eine vernünftige moralische Basis für unsere Beziehungen zu
> denen außerhalb unserer Gattung anzuerkennen. (Singer, 1994,
> S. 82)

Um dies zu erkennen, bedarf es nach Singer lediglich des wirklichen Verständnisses dieses Prinzips: So wenig wir berechtigt sind, die vorhandenen Interessen von Wesen deshalb geringer zu schätzen, weil sie zu einer anderen Rasse gehören oder weil sie weniger intelligent sind, so wenig sind wir berechtigt, die vorhandenen Interessen von Wesen deshalb geringer zu schätzen, weil sie zu einer anderen biologischen

Gattung gehören. (Ebenda, S. 83) In diesem Zusammenhang verweist Singer auf die folgende berühmte Stelle bei Jeremy Bentham:

> Der Tag wird kommen, an dem auch den übrigen lebenden Geschöpfen [den Tieren, H. F. K.] die Rechte gewährt werden, die man ihnen nur durch Tyrannei vorenthalten konnte. Die Franzosen haben bereits erkannt, dass die Schwärze der Haut [der Sklaven, H. F. K.] kein Grund ist, einen Menschen schutzlos den Launen eines Peinigers auszuliefern. Eines Tages wird man erkennen, dass die Zahl der Beine, die Behaarung der Haut und das Ende des os sacrum sämtlich unzureichende Gründe sind, ein empfindendes Lebewesen dem gleichen Schicksal zu überlassen. Aber welches andere Merkmal könnte die unüberwindliche Grenzlinie sein? Ist es die Fähigkeit zu denken oder vielleicht die Fähigkeit zu sprechen? Doch ein erwachsenes Pferd oder ein erwachsener Hund sind weitaus verständiger und mitteilsamer als ein Kind, das einen Tag, eine Woche oder sogar einen Monat alt ist. Doch selbst, wenn es nicht so wäre, was würde das ändern? Die Frage ist nicht: Können sie *denken?* oder: Können sie *sprechen?*, sondern: Können sie *leiden?* (Bentham, 1970, S. 283, zit. n. Singer, 1996a, S. 35 f.)

Hier identifiziert Bentham die Leidensfähigkeit als jene entscheidende Eigenschaft, die einem Wesen das Recht verleiht, entsprechend dem Gleichheitsgrundsatz behandelt zu werden. (Singer, 1994, S. 84, 1996a, S. 36) Die Leidensfähigkeit ist für Singer aber nicht nur Anlass, das Gleichheitsprinzip auch auf Tiere auszudehnen, sondern darüber hinaus auch das Fundament eben dieses Gleichheitsprinzips:

> Die Fähigkeit zu leiden – oder genauer, zu leiden und/oder sich zu freuen oder glücklich zu sein – ist nicht einfach eine weitere Fähigkeit wie die Sprachfähigkeit oder die Befähigung zu höherer Mathematik. (…) Die Fähigkeit zu leiden und sich zu freuen ist vielmehr eine Grundvoraussetzung dafür, überhaupt Interessen haben zu können, eine Bedingung, die erfüllt sein muss, bevor wir überhaupt sinnvoll von Interessen sprechen können. (Singer, 1994, S. 84 f.; vgl. 1996a, S. 36)

So wäre es zum Beispiel unsinnig zu sagen, dass es gegen die Interessen eines Steines verstoße, getreten zu werden: «Ein Stein hat keine Interessen, denn er kann nicht leiden» (Singer 1996a, S. 36). Eine Maus hat im Unterschied dazu hingegen sehr wohl ein Interesse, nicht getreten zu werden, weil sie dabei leiden würde. (Ebenda; 1994, S. 85) Und wenn ein Wesen leidet, gibt es keine moralische Rechtfertigung dafür, dieses Leiden nicht zu berücksichtigen. (Singer, 1994, S. 85; 1996a, S. 37) Wenn ein Wesen leiden kann, muss sein Interesse, nicht zu leiden, gleich

ernst genommen werden wie das ähnliche Interesse irgendeines anderen Wesens. (Singer, 1983, S. 90, 1996a, S. 37)

Deshalb ist die Empfindungsfähigkeit, also die Fähigkeit, Leid oder Freude zu erfahren, die einzige vertretbare Grenze für die Berücksichtigung der Interessen anderer. (Singer, 1994, S. 85; 1996a, S. 38) Diese Grenze irgendwo anders zu ziehen, etwa aufgrund von Intelligenz oder Rationalität, hieße, sie völlig willkürlich zu ziehen. (Singer, 1994, S. 85, 1996a, S. 38) Wenn ein Wesen leidet, dann kann es keine Rechtfertigung dafür geben, dieses Leiden nicht gleich zu berücksichtigen wie das gleiche bzw. ähnliche Leiden eines anderen Wesens.

Doch wie funktioniert das in der Praxis? Singer bringt folgendes Beispiel: Wenn ich einem Pferd mit der flachen Hand einen Schlag versetze, so wird es dabei vermutlich kaum Schmerzen empfinden. Wenn ich aber ein Baby auf die gleiche Weise schlage, so wird es dabei sehr wohl einen Schmerz verspüren. Nun muss es aber einen Schlag geben – vielleicht mit einem dicken Stock –, der beim Pferd den gleichen Schmerz verursacht, den das Kind beim Schlagen mit der flachen Hand verspürt.

Das ist mit «demselben Ausmaß an Schmerz» gemeint. (Singer, 1994, S. 87, 1996a, S. 47) «Und wenn wir es falsch finden, einem Kleinkind ohne guten Grund so viel Schmerz zuzufügen, dann müssen wir ... es ebenso falsch finden, einem Pferd ohne guten Grund dasselbe Ausmaß an Schmerz zuzufügen» (Singer, 1994, S. 87; 1996a, S. 47).

2.2.3 Rassismus, Sexismus, Speziesismus

Rassismus und Sexismus sind, wie bereits angedeutet, Verstöße gegen das Gleichheitsprinzip, weil Rassisten und Sexisten die Interessen bestimmter Menschen einfach deshalb weniger ernst nehmen, weil diese zu einer anderen Rasse oder zum anderen Geschlecht gehören. In Analogie zu Rassismus und Sexismus spricht Singer von Speziesismus – der Ausdruck stammt von Richard Ryder (Singer, 1996a, S. 58) –, wenn Lebewesen nicht aufgrund ihrer Rassen- oder Geschlechtszugehörigkeit diskriminiert werden, sondern aufgrund ihrer Artzugehörigkeit, also aufgrund der biologischen Spezies, der sie angehören: «Speziesismus ... ist ein Vorurteil oder eine Haltung der Voreingenommenheit zugunsten der Interessen der Mitglieder der eigenen Spezies und gegen die Interessen der Mitglieder anderer Spezies» (ebenda, S. 35).

Wie Singer den Zusammenhang zwischen Rassismus und Sexismus einerseits und Speziesismus andererseits im Einzelnen sieht, verdeutlichen folgende Zitate:

> Die Rassisten verletzen das Prinzip der Gleichheit, indem sie in
> Interessenkonflikten zwischen Mitgliedern der eigenen und einer
> anderen Rasse die Interessen der Mitglieder ihrer eigenen Rasse
> stärker gewichten. Sexisten verletzen das Prinzip der Gleichheit,
> indem sie die Interessen des eigenen Geschlechts bevorzugen. Und
> genauso räumen Speziesisten den Interessen der eigenen Spezies
> Vorrang ein vor den stärkeren Interessen von Mitgliedern anderer
> Spezies. Das Muster ist in jedem dieser Fälle dasselbe. (Singer,
> 1996a, S. 38)

> Rassisten europäischer Abstammung akzeptieren nicht, dass der
> Schmerz, den Afrikaner verspüren, ebenso schlimm ist wie der, den
> Europäer verspüren. (...) Menschliche Speziesisten erkennen nicht
> an, dass der Schmerz, den Schweine oder Mäuse verspüren, ebenso
> schlimm ist wie der von Menschen verspürte. (Singer, 1994, S. 86)

Dieser menschliche Speziesismus zeigt sich in vielen alltäglichen und
allgegenwärtigen Praktiken gegenüber Tieren, etwa in unserer Gewohnheit, Fleisch zu essen, im Zusammenhang mit Tierversuchen, bei der
Jagd oder im Umgang mit Tieren in Zirkus und Zoo.

Abschließend soll beispielhaft anhand unserer Gewohnheit, Fleisch
zu essen, veranschaulicht werden, wie das Gleichheitsprinzip konkret
funktioniert:

> Bürger der industrialisierten Gesellschaften können sich ohne
> weiteres angemessene Nahrung verschaffen, ohne auf tierisches
> Fleisch zurückzugreifen. (...) Dieses Fleisch ist ein Luxusartikel,
> der konsumiert wird, weil die Menschen seinen Geschmack lieben.
> Betrachten wir den moralischen Aspekt der Nutzung von Tieren als
> Nahrung in industrialisierten Gesellschaften, so haben wir eine
> Situation vor uns, in der ein relativ geringes Interesse der Men-
> schen gegen das Leben und Wohl der betroffenen Tiere abgewogen
> werden muss. Das Prinzip der gleichen Interessenabwägung
> gestattet es nicht, größere Interessen für kleinere Interessen zu
> opfern. (Singer, 1994, S. 91)

2.2.4 Notwendige Präzisierungen

Das vorangehende Zitat verdeutlicht, dass Singers Gleichheitsprinzip
zweier Präzisierungen bedarf, um bei konkreter Anwendung klare Bewertungen zu ermöglichen. Diese Präzisierungen werden von Singer
zwar zum Teil wahrscheinlich «mitgedacht» (und ansatzweise auch ausgesprochen), aber es empfiehlt sich dennoch, sie auch ausdrücklich zu
formulieren.

Die erste notwendige Präzisierung lautet: *Das Gleichheitsprinzip muss hinsichtlich seiner Anwendungsbedingungen differenziert werden.* Unsere bisherige Formulierung des Gleichheitsprinzips lautete: Ähnliche Interessen sollen ähnlich gewichtet werden. Das können wir auch so formulieren: Ähnliche Interessen sollen (in unseren moralischen Überlegungen) eine ähnliche Rolle spielen.

Aber der Fall, dass die von unseren Handlungen Betroffenen tatsächlich *ähnliche* Interessen haben, ist eher die Ausnahme. Das zeigt auch das vorangehende Zitat in Bezug auf unsere Gewohnheit, Fleisch zu essen: Hier steht *ein relativ geringes Interesse der Menschen* dem *Leben und Wohl der betroffenen Tiere* gegenüber. Mit anderen Worten: Die von der Handlung Fleischessen berührten Interessen sind bei Tieren viel größer als beim Menschen. Während es beim Menschen lediglich um einen kurzen Gaumenkitzel geht, geht es bei Tieren buchstäblich um alles. Alle Interessen der Tiere stehen einem einzigen, vergleichsweise läppischen menschlichen Interesse gegenüber.

Dem Umstand, dass der Fall, dass die von unseren Handlungen Betroffenen ähnliche Interessen haben, eher die Ausnahme darstellt, muss bei der Formulierung des Gleichheitsprinzips Rechnung getragen werden. Das Gleichheitsprinzip muss seiner «inneren Logik», seinem «Geist» entsprechend im Hinblick auf seine verschiedenen Anwendungsbedingungen differenziert werden:

Die Forderung, dass ähnliche Interessen eine ähnliche Rolle spielen sollen, muss ergänzt werden durch die Forderung, dass größere Interessen eine größere Rolle bzw. kleinere Interessen eine kleinere Rolle spielen sollen. Insbesondere muss aber auch gefordert werden, dass größere Interessen keine kleinere Rolle spielen dürfen als kleinere Interessen, dass also größere Interessen nicht kleineren Interessen geopfert werden dürfen. Die Missachtung dieser letzten Forderung stellt augenscheinlich einen besonders gravierenden Verstoß gegen das Gleichheitsprinzip dar.

Somit ergeben sich entsprechend den verschiedenen Anwendungsbedingungen des Gleichheitsprinzips folgende verschiedene Anwendungsvarianten des Gleichheitsprinzips:

A) Ähnliche Interessen sollen eine ähnliche Rolle spielen.

B) Größere Interessen sollen eine größere Rolle spielen.

C) Kleinere Interessen sollen eine kleinere Rolle spielen.

D) Größere Interessen dürfen keine kleinere Rolle spielen als kleinere Interessen. (Größere Interessen dürfen nicht kleineren Interessen geopfert werden.)

Jetzt erkennen wir auch sofort, warum Fleischessen einen Verstoß gegen das Gleichheitsprinzip darstellt: Wir missachten dabei die Forderung D, was, wie gesagt, eine besonders schwere Verletzung des Gleichheitsprinzips bedeutet: Beim Fleischessen werden so gut wie alle tierlichen Interessen einem einzigen menschlichen Interesse geopfert.

Die zweite notwendige Präzisierung in Bezug auf das Gleichheitsprinzip haben wir damit schon vorweggenommen: *Das Gleichheitsprinzip muss quantitativ interpretiert werden.*

Genau das haben wir bei der obigen moralischen Bewertung des Fleischessens getan: Wir sagten, Fleischessen ist ein Verstoß gegen das Gleichheitsprinzip, weil dabei so gut wie *alle* tierlichen Interessen einem *einzigen* menschlichen Interesse geopfert werden. Auch die oben angeführten Anwendungsvarianten A bis D des Gleichheitsprinzips verdeutlichen die quantitative Funktionsweise des Gleichheitsprinzips.

Das heißt aber nicht, dass der qualitative Aspekt beim Gleichheitsprinzip keine Rolle spielen würde. Dies wird klar, wenn wir uns jetzt einmal systematisch alle Schritte vergegenwärtigen, die bei der praktischen Anwendung des Gleichheitsprinzips berücksichtigt werden müssen. Wir bleiben beim Beispiel Fleischessen und beschränken uns bewusst auf das Wesentliche, um das Vorgangsschema zu verdeutlichen.

1) Wir ermitteln die Betroffenen der Handlung: Tiere (die zur Fleischgewinnung leiden und sterben müssen) und Menschen (die deren Fleisch essen wollen).

2) Wir ermitteln, welche Interessen der Betroffenen berührt werden: Bei Tieren so gut wie alle, beim Menschen ein einziges, nämlich das an einem bestimmten Geschmackserlebnis. Bei den tierlichen Interessen handelt es sich zum Beispiel um das Interesse an artentsprechender Bewegung, artentsprechender Ernährung, artentsprechendem Sozialleben sowie um das Interesse, nicht zu leiden. Hier kommt, wie wir sehen, der qualitative Aspekt schon zum Tragen: Wir ermitteln, welche Erlebensqualitäten bzw. Interessenarten der Betroffenen berührt werden.

3) Wir ermitteln das Ausmaß, in dem die Interessen der Betroffenen berührt werden: Die oben genannten vielen tierlichen Interessen werden im Zuge der Fleischproduktion in allerhöchstem Maße berührt, das eine menschliche Interesse, dieses Fleisch essen zu wollen, ist verglichen damit extrem klein. Außerdem werden die tierlichen Interessen lebenslang berührt, während das menschliche Interesse vergleichsweise augenblicklicher Natur ist!

Bei dieser Feststellung bzw. Bewertung des Maßes, in dem die jeweiligen Interessen der Betroffenen berührt werden, kommt abermals der qualitative Aspekt ins Spiel: Wir müssen beispielsweise tierliches Leiden gleich bzw. ähnlich gewichten wie wir ein ähnliches menschliches Leiden gewichten würden.

4) Wir addieren die Interessen der Betroffenen und wenden dem Ergebnis entsprechend die Anwendungsvarianten A bis D des Gleichheitsprinzips an. Bei der Handlung Fleischessen zeigt sich zweifelsfrei, dass hier große tierliche Interessen einem vergleichsweise geringen menschlichen Interesse gegenüberstehen. Bei der Realisierung der Handlung Fleischessen würden (sehr viel) größere tierliche Interessen einem (sehr viel) kleineren menschlichen Interesse geopfert. Das wäre ein Verstoß gegen Anwendungsvariante D des Gleichheitsprinzips, weshalb Fleischessen moralisch falsch ist.

2.3 Tom Regans Ethik

2.3.1 Psychische Komplexität

Tom Regans philosophischer Ansatz ist die zweite tragende Säule der Philosophie der Tierrechtsbewegung. Dass sich Aktivisten und Nicht-Philosophen weniger auf Regans Philosophie berufen als auf Singers, ist vor allem darauf zurückzuführen, dass Regans Theorie wesentlich «philosophischer», abstrakter und schwieriger ist. Deshalb widmen wir der Darstellung von Regans Ansatz auch wesentlich mehr Raum als der Darstellung von Singers Theorie.

Es gibt aber noch weitere Gründe für eine besonders ausführliche Darlegung von Regans Philosophie. Erstens kann eine kürzere Darstellung aufgrund der angesprochenen Komplexität erwiesenermaßen (siehe etwa U. Wolf, 1990, J.-C. Wolf, 1992, Breßler, 1997, oder Pfordten, 1996) keine angemessene Vorstellung von Regans Ansatz vermitteln. Zweitens existiert von Regan bisher ohnehin kaum Material in deutscher Sprache (Regan, 1997, ist eine der wenigen Ausnahmen). Und drittens werden bei Regan Themen, Gesichtspunkte und Probleme angesprochen, die für die *gesamte* Tierrechtsphilosophie relevant sind und neue, interessante Perspektiven eröffnen. Dies gilt insbesondere für den Todesaspekt, der seinerseits nur bei einer entsprechenden Vertiefung in die Materie angemessen ausgeleuchtet und gewürdigt werden kann.

Tom Regan hat seine Philosophie 1984 in seinem imposanten Hauptwerk *The Case for Animal Rights* dargelegt. Die folgenden Quellenangaben beziehen sich, wenn nicht anders vermerkt, auf dieses Buch.

Ausgangspunkt von Regans Erwägungen ist die Feststellung, dass Tiere, namentlich normale Säugetiere, die ein Jahr alt oder älter sind, ein komplexes Seelenleben haben. Der gesunde Menschenverstand, unser üblicher Sprachgebrauch, das Verhalten der Tiere sowie rationale und evolutionstheoretische Überlegungen sagen uns, dass diese Tiere unter anderem Wahrnehmungen, Wünsche, Gedächtnis, Annahmen, Selbstbewusstsein, Zukunftsvorstellungen und klare Absichten haben. Auch haben wir, wenn wir wollen, Zugang zum tierlichen Seelenleben, das heißt, wir können erkennen, was in Tieren vorgeht und was sie wollen.

Die Fakten und Argumente, die für diese Position sprechen, sind so erdrückend, dass die Beweislast auf Seiten derer liegt, die Tieren ein komplexes Seelenleben *absprechen* möchten (Kap. 1 und 2, insbes. S. 34 f., 78–81, 403, 408). Auf Einzelheiten in Bezug auf das reiche psychische Erleben von Tieren brauchen wir hier nicht einzugehen, da wir dieses Thema bereits oben (im Kapitel *Fakten über Tiere*) ausführlich behandelt haben.

2.3.2 Wohlergehen

Normale Säugetiere, die ein Jahr alt oder älter sind, haben ein Wohlergehen, das sich nicht grundsätzlich vom Wohlergehen des Säugetiers Mensch unterscheidet: Sie haben biologische, psychologische und soziale Interessen, die im Laufe ihres Lebens mehr oder weniger realisiert bzw. erfüllt werden können. Ihnen wie uns kann es im Leben besser oder schlechter ergehen, wie wir können sie Lust und Freuden, aber auch Frustrationen und Leiden erleben. Und das Leben mancher Tiere ist insgesamt betrachtet besser, glücklicher und erfüllter als das anderer. (S. 82, 116, 119)

Zentral für das Verständnis tierlichen Wohlergehens ist eine Eigenschaft, die in der Regel viel zu wenig beachtet wird: Autonomie. Als Wesen mit Wünschen, Zielen, Wahrnehmungen, Gedächtnis und Annahmen sind Tiere (wenn nicht anders vermerkt, sind mit Tieren immer normale Säugetiere, die ein Jahr alt oder älter sind, gemeint) in dem Sinne autonom, dass sie Präferenzen haben und diese auch selbst verfolgen können und selbst verfolgen wollen. Sie sind in der Lage, Initiativen zu setzen, um diesen Präferenzen Rechnung zu tragen, um ihre Wünsche zu erfüllen. Und sie empfinden Befriedigung dabei, ihre Ziele selbst, «auf eigene Faust», verfolgen und erreichen zu können.

Der Grad, in dem Tiere in der Lage sind, ihre Autonomie auszuleben,

ist entscheidend für ihr Wohlergehen. Wenn wir ihnen die Möglichkeit nehmen zu tun, was sie wollen, frustrieren wir nicht nur ihre Bedürfnisse, sondern berauben sie auch der Befriedigung, die sie erleben, wenn sie ihre Ziele selbst und aktiv verfolgen und erreichen können. Dieser Aspekt darf nicht unterschätzt werden. So leidet etwa ein eingesperrter Wolf, der regelmäßig und ausreichend gefüttert wird, zwar gewiss nicht an Hunger, sein Nahrungsbedürfnis ist gestillt. Aber er leidet daran, sich seine Nahrung nicht selbst, vielleicht gemeinsam mit anderen Wölfen, verschaffen zu können. (S. 84–86, 92, 116)

Im Hinblick auf ihr Wohlergehen können wir Tieren nun schaden oder nutzen: Wir können Möglichkeiten schaffen bzw. vergrößern, damit sie ihre Ziele verfolgen können, oder wir können solche Möglichkeiten verringern bzw. zunichte machen. Der Schaden, den wir Tieren zufügen können, kann zweierlei Gestalt haben: Wir können ihnen etwas antun oder ihnen etwas wegnehmen bzw. vorenthalten. Typisches Beispiel für die erste Möglichkeit ist das Zufügen von Schmerzen oder Leiden.

Und jetzt kommen wir zu einem entscheidenden Punkt: Wenn wir Tiere einer Sache berauben bzw. ihnen etwas vorenthalten (sie also auf die zweite erwähnte Art schädigen), so ist dies keineswegs notwendig und automatisch mit Schmerzen oder Leiden verbunden. Allgemeines Beispiel: Wenn wir eine kluge junge Frau mittels schmerzloser Injektion in eine zufriedene Schwachsinnige verwandeln, so schaden wir ihr zweifellos, weil wir sie (unter anderem) ihrer Autonomie und Intelligenz berauben, aber wir fügen ihr dabei keine Schmerzen oder Leiden zu.

Daher – und das ist der springende Punkt: So wichtig und notwendig es ist, tierliches Leiden zu verhindern und zu verringern – es gibt auch Praktiken, die Tieren extrem schaden, ohne ihnen Leiden zuzufügen. Und diese Schäden gilt es ebenso zu erkennen und zu bekämpfen wie Praktiken, die Leiden verursachen. Es muss nicht alles wehtun, was schadet. Auch Dinge, die wenig oder gar nicht wehtun, können einen enormen Schaden, Nachteil oder Verlust bedeuten.

Aus diesem Grund ist auch die Rechtfertigung, die zuweilen für Tierfabriken ins Treffen geführt wird, völlig unsinnig: Weil die Tiere nie ein anderes, besseres Leben kennen gelernt hätten, würden sie dieses auch nicht vermissen und daher unter den gegebenen Bedingungen nicht leiden. Abgesehen davon, dass diesen Tieren de facto jede Menge aktueller Leiden zugefügt wird: Selbst wenn dies nicht der Fall wäre, bedeutet dieses Leben für sie angesichts dessen, was ihnen vorenthalten wird, dennoch einen immensen Schaden!

Es geht nicht an, Wesen, seien es nun Menschen oder Tiere, Lebensbedingungen auszusetzen, die ihre biologischen, psychologischen und sozialen Interessen ignorieren oder bestimmte Interessen (zum Beispiel an Nahrung) zu Lasten anderer (zum Beispiel an Autonomie und Sozialleben) befriedigen, um dies dann damit zu rechtfertigen, dass sie darunter nicht litten, weil sie nicht wüssten, was ihnen abgeht.

Die Opfer brauchen weder physisch noch psychisch zu leiden noch sich eines Schadens bewusst zu sein, um einen Schaden erleiden zu können. Das gilt für ausgebeutete Tiere genauso wie für «zufriedene» Hausfrauen oder «glückliche» Sklaven. Oft ist es *gerade* das Nichtwissen um das, was einem vorenthalten wird, das den Schaden umso *größer* macht.

Die unausgesprochene These: Was ich nicht weiß, macht mich nicht heiß, genauer: Was ich nicht weiß, kann mir nicht schaden, ist von Grund auf falsch: Wenn ich meinen Sohn in einem komfortablen Käfig vollkommen isoliert aufziehe und dafür sorge, dass er genügend zu essen hat und nicht unnötig leidet, so weiß er auch nicht, was ihm vorenthalten wird, erleidet aber dennoch einen immensen Schaden! (S. 97 f., 116 f.)

2.3.3 Tod

Es gibt also Dinge, die uns schaden, obwohl sie uns nicht wehtun und obwohl sie uns vielleicht gar nicht bewusst sind. Das größte und «klassische» Übel, auf das diese Charakterisierung zutrifft, ist der Tod. Damit sind wir bei einem Punkt, der für die Bewertung unseres Umgangs mit Tieren aus *Tierrechts*sicht von zentraler Bedeutung ist, besteht doch die typische *Tierschutz*argumentation darin zu sagen: Solange den Tieren kein Leiden zugefügt wird, gibt es moralisch auch kein Problem. Das gilt für die «humane» Schlachtung von «Nutztieren» ebenso wie für den «schonenden» Umgang mit «Versuchstieren».

Aber diese Sichtweise beinhaltet eben einen grundsätzlichen Fehler: Sie übersieht, dass es neben dem Leiden, das wir Tieren zufügen, noch eine andere mögliche gravierende Schädigung gibt, die überhaupt nicht wehtun muss und die darin besteht, dass wir ihnen etwas wegnehmen, etwas vorenthalten, sie einer Sache berauben.

Und der vorzeitige Tod *ist* eine solche Beraubung, und zwar eine grundlegende und nicht wieder gut zu machende: Er beraubt uns *jeder* Möglichkeit künftiger Freude und Erfüllung. Einmal tot, *immer* tot. Der Tod ist der fundamentalste Schaden, weil er der fundamentalste Verlust ist: der Verlust seines Lebens und damit der Verlust seiner selbst. (Was nicht heißt, dass der Tod in jedem Fall auch das *größte* Übel sein muss. Ein Leben, das ausschließlich aus Schmerzen ohne Aussicht auf Linderung besteht, ist bestimmt schlimmer als der Tod.)

Ruth Cigman (1980) behauptet nun, dass der Tod *für Tiere* kein Schaden sei. Aber die Gründe, die sie hierfür vorbringt, sind, wie Regan zeigt, nicht besonders überzeugend. Cigman formuliert ihre Position zwar weder deutlich noch eindeutig, scheint aber Folgendes zu meinen (es geht hier weder darum, ihre Position exakt wiederzugeben, noch darum, sie endgültig zu kritisieren, sondern darum, mögliche Einwände zu würdigen):

Damit der Tod für ein Individuum ein Schaden sein kann, muss dieses Individuum einen Begriff von Leben und Tod sowie ein Bewusstsein langfristiger künftiger Möglichkeiten haben. Genau das ist aber bei Tieren nicht der Fall. Diese haben zwar offenkundig Todesangst, wenn ihr Leben akut bedroht wird, aber sie hängen quasi «blind» am Leben, ohne zu wissen, was es wirklich bedeutet und welche langfristigen Möglichkeiten es beinhaltet.

Nun fragt Regan: Was bedeutet eigentlich «langfristig»? Wie lange ist «langfristig», wie groß muss die Zukunftsperspektive sein? Immerhin haben Tiere ohne Zweifel einen Begriff von ihrer eigenen Zukunft: Sie handeln in der Gegenwart im Hinblick und mit Blick auf eine Zukunft, in der sie ihre Wünsche befriedigen möchten. Ist diese Perspektive hinreichend langfristig im Sinne von Cigmans Forderung nach einem Bewusstsein langfristiger Zukunftsmöglichkeiten?

Nehmen wir einmal an, dass Tiere Cigmans Kriterium nicht erfüllen, dass sie also keinen (hinreichenden) Begriff von Leben und Tod haben und dass ihr Zukunftsbewusstsein nicht weit genug in die Zukunft reicht. Was folgt daraus? Es folgt, dass sie keine langfristigen Pläne machen und sich keine langfristigen Ziele setzen können. Aber aus dem Umstand, dass sich ein Individuum seiner langfristigen Zukunftsmöglichkeiten nicht *bewusst* ist, folgt nicht, dass es keine *hat!*

Fehlendes oder mangelndes Zukunftsbewusstsein ändert überhaupt nichts daran, dass der vorzeitige Tod konkreter, existierender Wesen das Leben eben dieser Wesen vorzeitig beendet und sie damit möglicher künftiger Wunscherfüllungen beraubt! Und deshalb ist der vorzeitige Tod für diese Wesen ein Übel, ein Verlust, ein Schaden – unabhängig davon, ob sie sich ihrer Zukunftsmöglichkeiten nun bewusst sind und deshalb den bewussten Wunsch weiterzuleben haben oder nicht.

Das wird sofort klar, wenn man sich vergegenwärtigt, dass auch kleine Kinder (sowie geistig Zurückgebliebene und Senile) weder einen Begriff von Leben und Tod noch ein Bewusstsein langfristiger Zukunftsmöglichkeiten noch den bewussten Wunsch weiterzuleben haben. Niemand käme deshalb auf die Idee, ihren Tod nicht als Unglück oder Schaden für sie zu betrachten. Im Gegenteil: Der vorzeitige Tod von kleinen Kindern erscheint uns geradezu als *Inbegriff* der Tragik des Todes! (S. 99–102, 117 f.)

Fassen wir zusammen: Der vorzeitige Tod ist ein Übel, weil er das betroffene Lebewesen jeglicher Möglichkeit künftiger Wunscherfüllung, Freude oder Befriedigung beraubt. Und zwar unabhängig davon, ob dieses Wesen sich seiner künftigen Möglichkeiten bewusst ist, ob es einen Begriff von Leben und Tod hat, ob es (bewusst) weiterleben will oder ob sein Sterben mit Leiden verbunden ist.

Besondere praktische Bedeutung kommt diesem Umstand zu bei der ethischen Bewertung unseres Umgangs mit jenen Tieren, die wir als «Fleischlieferanten» und «Versuchsobjekte» betrachten und behandeln: Selbst wenn diese Tiere «human», also leidensfrei getötet werden (was in den allermeisten Fällen reine Theorie ist!), ändert dies überhaupt nichts am fundamentalen und nicht wieder gut zu machenden Schaden, den wir ihnen damit zufügen.

2.3.4 Indirekte Pflichten

Regan entwickelt seine eigene Philosophie im Widerstreit zu vorhandenen ethischen Positionen in Bezug auf Tiere. Diese teilt er ein in solche, die von indirekten Pflichten gegenüber Tieren ausgehen, und in solche, die von direkten Pflichten gegenüber Tieren ausgehen. In Ermangelung besserer sprachlicher Alternativen werden wir vom Indirekte-Pflichten-Ansatz («indirect duty views») und vom Direkte-Pflichten-Ansatz («direct duty views») sprechen.

Gemeinsam ist beiden Sichtweisen: Erstens behauptet keine, dass wir mit Tieren machen können, was wir wollen. Niemand vertritt ernsthaft die Auffassung, dass unser Umgang mit Tieren keinerlei moralischen Beschränkungen unterliegt. Zweitens gehen dennoch beide Ansätze davon aus, dass es keiner *Rechte* bedarf, um den angemessenen Umgang mit Tieren sicherzustellen. Nirgendwo werden Tieren eigenständige moralische Rechte zugesprochen.

Und eben daran – das will Regan zeigen – kranken beide Ansätze. Zunächst also zum Indirekte-Pflichten-Ansatz, das heißt zu jener Posi-

tion, die besagt, dass wir gegenüber Tieren lediglich indirekte Pflichten haben. Beispiele für diese Sichtweise sind etwa die Vertragstheorie John Rawls' oder die Philosophie Immanuel Kants. Auf keine dieser Theorien können wir näher eingehen, da dies unseren Rahmen hoffnungslos sprengen würde. Also müssen wir uns mit einer allgemeinen Charakterisierung des Indirekte-Pflichten-Ansatzes begnügen.

Alle Ausformungen dieser Denkschule gehen davon aus, dass wir gegenüber Tieren ausschließlich indirekte Pflichten haben können. Direkte Pflichten können wir nur gegenüber anderen Menschen (oder gegenüber uns selbst oder gegenüber Gott) haben. Das heißt nun aber nicht, dass wir keine Pflichten *in Bezug auf* Tiere haben können. Ein Beispiel aus einem anderen Bereich soll dies verdeutlichen:

Man kann die Auffassung vertreten, dass wir gegenüber Kunstwerken, etwa gegenüber einem berühmten Gemälde, keine direkten Pflichten haben. Das heißt aber nicht, dass wir damit machen können, was wir wollen. Vielmehr bestehen hier sehr wohl Verpflichtungen, sogar direkte Verpflichtungen, aber nicht gegenüber dem Gemälde, sondern gegenüber den Menschen (inklusive jenen künftiger Generationen), die an diesem Gemälde ein Interesse haben oder haben könnten – etwa, weil sie es betrachten, studieren oder bewundern können möchten. Wir haben also zwar eine Verpflichtung *in Bezug auf* das Gemälde, aber keine Verpflichtung gegenüber dem Gemälde selbst. Eine solche direkte Verpflichtung besteht nur gegenüber Menschen.

Entsprechend können wir auch Pflichten in Bezug auf Tiere haben, etwa in Bezug auf bestimmte vom Aussterben bedrohte Arten. Aber diese Pflichten sind, soferne wir sie haben, wie die im Falle des Gemäldes, lediglich indirekter Natur. Die direkte Verpflichtung besteht gegenüber den Menschen, die ein Interesse am Fortbestehen dieser Tiere haben bzw. haben könnten – etwa weil sie sich weiter am Anblick der Tiere erfreuen oder sie wissenschaftlich erforschen möchten. (S. 150 f., 156)

Bevor wir fortfahren, müssen wir noch zwei Begriffe einführen: den des moralischen Akteurs («moral agent») und den des moralisch Betroffenen («moral patient»). Moralische Akteure sind solche Individuen, die aufgrund ihrer ausgereiften psychischen Fähigkeiten in der Lage sind, moralisch zu urteilen und moralisch zu handeln. Typische moralische Akteure sind normale erwachsene Menschen. Gemäß dem Indirekte-Pflichten-Ansatz können wir nur gegenüber solchen moralischen Akteuren direkte Pflichten haben.

Im Unterschied zu moralischen Akteuren fehlen moralisch Betroffe-

nen jene Eigenschaften, die moralische Akteure in die Lage versetzen, moralisch zu urteilen und moralisch zu handeln. Typische moralisch Betroffene sind Säuglinge, kleine Kinder und geistig Behinderte. Gegenüber moralisch Betroffenen können wir gemäß dem Indirekte-Pflichten-Ansatz lediglich indirekte Pflichten haben.

Im Folgenden wird uns vor allem eine Gruppe moralisch Betroffener interessieren: normale Säugetiere, die ein Jahr alt oder älter sind, sowie jene Menschen, deren geistige Fähigkeiten diesen Tieren entsprechen.

Um es noch einmal zu verdeutlichen: Der Umstand, dass wir gegenüber moralisch Betroffenen gemäß dem Indirekte-Pflichten-Ansatz nur indirekte Pflichten haben können, bedeutet nicht, dass wir mit ihnen machen dürfen, was wir wollen. Vielmehr kann es durchaus moralisch begründete Beschränkungen im Umgang mit moralisch Betroffenen geben. Dass wir moralisch Betroffenen gegenüber nur indirekte Pflichten haben können, heißt nur, dass die Gründe für diese Handlungsbeschränkungen nicht in diesen Wesen selbst gelegen sein können: Es geht nie darum, wie unser Handeln diese Individuen selbst betrifft.

Ausschlaggebend ist vielmehr ausschließlich, ob und wie unser Handeln andere *moralische Akteure* betrifft. Dies allein entscheidet über die moralische Zulässigkeit oder Gebotenheit einer Handlung. Die Auswirkung, die eine Handlung gegenüber einem moralisch Betroffenen *indirekt auf einen moralischen Akteur* hat, ist das einzige moralisch relevante Kriterium für die Richtigkeit oder Falschheit dieser Handlung. (S. 151–155)

Dass dieser nicht eben sympathische, gleichwohl aber in der Philosophie de facto nach wie vor ernsthaft vertretene Ansatz auch logisch-rational höchst fragwürdig ist, versucht Regan nun zu verdeutlichen. Er will zeigen, *dass die These des Indirekte-Pflichten-Ansatzes, wonach wir gegenüber Tieren und Menschen mit vergleichbaren psychischen Eigenschaften lediglich indirekte Pflichten haben, unhaltbar ist.* Ausgangspunkt seiner Überlegungen sind unsere Intuitionen: Wenn wir darüber nachdenken, wie wir Tiere oder andere moralisch Betroffene mit vergleichbaren Eigenschaften, also etwa kleine Kinder, behandeln sollen, dann denken wir «instinktiv» zuerst nicht an die Folgen unseres Handelns für irgendwelche *andere* Betroffene (etwa für den Tierbesitzer oder für die Kindeseltern), sondern an die Folgen unseres Handelns *für diese Wesen selbst.* Wir überlegen, wie es *ihnen* gehen würde, wie *sie* sich fühlen würden, wie *ihr* Wohlergehen berührt würde. Wir glauben, dass diese Wesen *selbst* von direktem moralischem Belang sind, dass wir *ih-*

nen gegenüber moralische Pflichten haben.

Diese Überzeugung mag zunächst zwar «intuitiv» sein, aber auch «kühle» Rationalität und objektive Berücksichtigung aller verfügbaren Fakten führen zum gleichen Ergebnis:

Den inhaltlichen Kern unserer – zunächst – vorrationalen Überzeugung kann man so formulieren: *Wir haben eine direkte Prima-facie-Pflicht (prima facie: auf den ersten Blick), Individuen keinen Schaden zuzufügen.* Dieses Prinzip nennt Regan das Schadensprinzip («harm principle»). Prima facie ist diese Pflicht, weil sie nicht unter allen Umständen gilt, sondern unter gewissen Umständen aufgehoben werden kann, etwa bei Notwehr. Direkt ist diese Pflicht, weil wir sie gegenüber diesen Individuen selbst haben und nicht gegenüber irgendwelchen indirekt Betroffenen.

Logische und legitime Adressaten bzw. Nutznießer dieses Schadensprinzips sind nun aber keineswegs nur moralische Akteure, sondern auch moralisch Betroffene! Und zwar aus dem schlichten Grund, *dass auch sie geschädigt werden können, dass auch sie ein Wohlergehen haben, das beeinträchtigt werden kann* – unabhängig davon, ob sie nun moralisch denken oder handeln können oder nicht.

Weil auch moralisch Betroffene ein Wohlergehen haben, das beeinträchtigt werden kann, weil auch sie geschädigt werden können, gibt es keinen vernünftigen Grund, diese Beeinträchtigungen und Schäden moralisch anders oder weniger zu berücksichtigen. Deshalb muss das Schadensprinzip auch im Hinblick auf moralisch Betroffene (wie Tiere oder Menschen mit vergleichbaren Eigenschaften, etwa kleine Kinder) gelten. Auch ihnen gegenüber haben wir direkte Pflichten. Zunächst denkbare Einwände machen diese Erkenntnis nur noch deutlicher und unumgänglicher:

1) Moralische Akteure können *mehr* geschädigt werden als moralisch Betroffene. Das ist ebenso richtig wie belanglos: In Frage steht nicht die Größe des Schadens, sondern, welchen Wesen gegenüber wir direkte Pflichten haben. Die Schadenshöhe sagt nichts darüber aus, ob die Pflichten, die bei der Schädigung verletzt werden, direkte oder indirekte sind. Aus dem Umstand, dass eine bestimmte Schädigung (etwa jemanden zwei Tage in einen Abstellraum zu sperren) ein geringeres Unrecht darstellt als eine andere (etwa jemanden über Wochen zu Tode zu foltern), folgt nicht, dass wir nur im letzteren Fall direkte Pflichten gegenüber dem Betroffenen verletzen.

2) Moralische Akteure können *anders* geschädigt werden als moralisch Betroffene. Das ist richtig. Aufgrund der höheren intellektuellen Fä-

higkeiten von moralischen Akteuren können diese auf Weisen geschädigt werden, die bei moralisch Betroffenen nicht möglich sind. Aber beide, moralische Akteure wie moralisch Betroffene, können auch auf die gleiche bzw. auf vergleichbare Weise geschädigt werden, etwa, indem man sie hungern lässt oder ihnen Schmerzen zufügt. Und wenn diese gleichen bzw. vergleichbaren Schäden in Frage stehen, wäre es abwegig zu sagen, dass wir nur gegenüber moralischen Akteuren eine direkte Pflicht haben, sie vor diesen Schäden zu bewahren. Das wäre eine gravierende und grobe Verletzung der ethischen Grundforderung, Gleiches auch gleich zu behandeln.

Fazit: Das Schadensprinzip gilt für moralische Akteure wie für moralisch Betroffene, insbesondere gilt es auch für normale Säugetiere, die ein Jahr alt oder älter sind, sowie für Menschen mit vergleichbaren psychischen Eigenschaften. Auch ihnen gegenüber haben wir direkte moralische Pflichten. (S. 185–193)

2.3.5 Direkte Pflichten

Der Direkte-Pflichten-Ansatz geht von vornherein davon aus, dass wir auch gegenüber moralisch Betroffenen (wie normalen Säugetieren, die ein Jahr alt oder älter sind, sowie Menschen mit vergleichbaren Eigenschaften) direkte Pflichten haben. Dennoch gesteht auch dieser Ansatz, wie schon festgestellt, diesen moralisch Betroffenen keine individuellen Rechte zu – weshalb auch er ungeeignet ist, unseren Pflichten gegenüber Tieren angemessen Rechnung zu tragen. Dies wird anhand von zwei Ausformungen des Direkte-Pflichten-Ansatzes veranschaulicht: am Utilitarismus und an jener Position, die Regan als Grausamkeits-Freundlichkeits-Ansatz bezeichnet («cruelty-kindness view»).

Letztere ist charakteristisch für Menschen, die im traditionellen Tierschutz engagiert sind: Wir sollen gegenüber Tieren nicht grausam sein, sondern sie vielmehr möglichst freundlich behandeln. Und zwar nicht deshalb, weil unser Umgang mit Tieren letztlich auch auf unseren Umgang mit Menschen «abfärbt», sondern, weil auch Tiere von direktem moralischem Belang sind.

Warum ist diese Position nun ungeeignet, die Erfüllung unserer Pflichten gegenüber Tieren zu gewährleisten? Es gibt zwei typische Formen von Grausamkeit: eine, die man als sadistische Grausamkeit bezeichnen könnte, und eine, die man brutale Grausamkeit nennen könnte. Erstere liegt vor, wenn jemand einem anderen nicht nur (wie es ja auch etwa der Zahnarzt tut) Schmerzen zufügt, sondern dabei auch Genug-

tuung empfindet. Das Charakteristikum der brutalen Grausamkeit besteht hingegen tendenziell im Fehlen von Gefühlen auf Seiten des Täters: Die Schmerzen, die dem Opfer zugefügt werden, sind ihm mehr oder weniger gleichgültig.

Jetzt wird erkennbar, warum unsere Pflichten gegenüber Tieren im Rahmen des Grausamkeits-Freundlichkeits-Ansatzes nicht angemessen formuliert werden können: Hier wird der Psyche des Täters ein viel zu großes Gewicht beigemessen. Wir bräuchten, um dem Grausamkeits-Freundlichkeits-Ansatz zu genügen, lediglich unsere Einstellungen und Gefühle, nicht aber unser Verhalten gegenüber den Tieren zu verändern. Damit würde zwar Grausamkeit im beschriebenen Sinne vermieden, das Los der Tiere aber nur wenig oder gar nicht verbessert. Der springende Punkt ist schlicht: Wie man sich persönlich fühlt, wenn man Tieren Schmerzen zufügt, sagt nichts darüber aus, ob es moralisch richtig oder falsch ist, dies zu tun.

Ähnliches gilt für die Forderung, «freundlich», «nett» oder «gut» zu Tieren zu sein. Damit meinen wir, dass unser Handeln von Selbstlosigkeit, Liebe oder Mitleid getragen werden sollte. So begrüßenswert und segensreich solche Einstellungen auch sind – sie sind außerstande, die Erfüllung unserer *Pflichten* gegenüber Tieren zu gewährleisten. Denn hier wird wiederum, wie bei der Grausamkeit, der Psyche des Handelnden eine zu große Bedeutung beigemessen. Die Frage, ob eine Handlung moralisch richtig ist, muss unterschieden werden von der Frage, welche psychologischen Faktoren zu ihr führten.

Ein weiterer Grund, warum die Freundlichkeitsforderung ungeeignet ist, unseren Pflichten gegenüber Tieren Rechnung zu tragen, ist: Freundlich zu sein ist zwar zweifellos lobenswert, aber nichts, was wir jemandem *schulden*, niemand hat einen *Anspruch* auf unsere Freundlichkeit. Freundlichkeit ersetzt nicht Gerechtigkeit.

Der Grausamkeits-Freundlichkeits-Ansatz eignet sich, wie wir gesehen haben, unter anderem deshalb nicht als Rahmen für die Formulierung unserer Pflichten gegenüber Tieren, weil er statt unserer Handlungen die Psyche der Handelnden in den Vordergrund stellt. Genau dies kann man dem Utilitarismus, der zweiten Ausformung des Direkte-Pflichten-Ansatzes, der wir uns nun zuwenden wollen, nicht vorwerfen:

Utilitaristen sind sich darin einig, dass es bei der Beurteilung einer Handlung ausschließlich auf die Handlung selbst ankommt, genauer: auf die *Konsequenzen* der Handlung. Anzustreben ist jene Handlungsalternative, die für alle Betroffenen insgesamt die besten Folgen hat.

Moralisch richtig ist, was «unterm Strich» am meisten Glück (bzw. am wenigsten Leiden) für alle Betroffenen bringt. (S. 195–200)

Bevor gezeigt werden kann, dass und warum auch der Utilitarismus ungeeignet ist, unsere Pflichten gegenüber Tieren angemessen zu formulieren, soll auf ein prinzipielles Dilemma des Utilitarismus hingewiesen werden: Weil es um die Maximierung der Interessen (bzw. des Glücks im weiteren Sinne) *aller* Betroffenen geht, kann es leicht zu Ungerechtigkeiten in Bezug auf die Interessen der *einzelnen* Betroffenen kommen. Die Maximierung des Glücks aller kann leicht auf Kosten der Interessen Einzelner erfolgen.

Das bedeutet im Hinblick auf unsere Pflichten gegenüber Tieren: Deren Erfüllung kann der Utilitarismus nicht gewährleisten, weil leicht Situationen auftreten können, bei denen unsere Pflichten gegenüber einzelnen Tieren im Zuge der Glücksmaximierung für alle Betroffenen «unter die Räder kommen» können. Der Schaden, den wir Einzelnen zufügen, ist aus utilitaristischer Sicht ja nicht kritisierbar, wenn er nur mit der Glücks- bzw. Interessensmaximierung aller Betroffenen einhergeht. Auf diese Weise bleiben die Pflichten, die wir gegenüber diesen Einzelnen gemäß dem Schadensprinzip haben, unberücksichtigt.

Dies gilt generell für alle Schäden, die wir Individuen zufügen, und speziell für den Schaden, den wir Individuen zufügen, wenn wir sie töten. Auch das Töten von Individuen kann aufgrund utilitaristischer Kalkulationen nicht kritisiert werden, wenn es nur mit der Glücks- bzw. Interessensmaximierung aller Betroffenen einhergeht.

Die Probleme, die sich für den Utilitaristen im Zusammenhang mit dem Töten ergeben, wollen wir uns etwas näher ansehen: Selbst die Tötung von *moralischen Akteuren* müsste der Utilitarist hinnehmen, ja befürworten, wenn die Abwägung aller voraussehbaren Folgen für alle Betroffenen ergibt, dass diese Tötung ein besseres «Gesamtergebnis», sprich: mehr Glück für alle, erwarten lässt als die Unterlassung dieser Tötung.

Allerdings spricht aus utilitaristischer Sicht Folgendes gegen die Tötung von moralischen Akteuren: Wenn sich unter den Menschen herumspricht, dass gelegentlich jemand getötet wird, so verbreiten sich naturgemäß Angst und Schrecken. Jeder fürchtet, selbst der Nächste sein zu können. Und diese allgemeine Angst muss bei der Abwägung aller Konsequenzen einer Tötung ebenfalls berücksichtigt werden, weshalb sich die Tötung von moralischen Akteuren aus utilitaristischer Sicht letztlich doch als (in der Regel) moralisch falsch erweist.

Diese utilitaristische Begründung des Tötungsverbots ist allerdings in höchstem Maße befremdlich: Nicht die Folgen für das Opfer sind ausschlaggebend, sondern die unangenehmen «Nebenwirkungen» für die Überlebenden. Die Schieflage der utilitaristischen Argumentation wird vollends deutlich, wenn man heimliche Tötungen betrachtet: Da hier die für die Öffentlichkeit beunruhigenden und für die moralische Verurteilung ausschlaggebenden «Nebenwirkungen» entfallen, ist gegen solche Tötungen moralisch auch nichts einzuwenden – solange es dem Täter nur gelingt, damit eine Glücksmaximierung für alle Betroffenen zu bewerkstelligen, also sicherzustellen, dass die Nachteile für den Ermordeten durch größere Vorteile für die Überlebenden ausgeglichen werden.

Wenn der Utilitarismus, wie wir eben gesehen haben, selbst die Erfüllung der grundlegendsten Pflichten gegenüber moralischen Akteuren wie normalen erwachsenen Menschen nicht gewährleisten kann, so bedarf es nicht viel Phantasie, um sich vorzustellen, wie unsere Pflichten gegenüber moralisch Betroffenen wie Tieren beim Utilitarismus aufgehoben sind!

Für das Töten von Tieren lassen sich problemlos Praktiken ersinnen, die sicherstellen, dass die Überlebenden dadurch nicht beunruhigt werden, weil sie nichts davon erfahren. Wenn das Töten dann auch noch rasch und schmerzlos erfolgt, sind dem Töten von Tieren aus utilitaristischer Sicht kaum mehr Schranken gesetzt. Und die Menschen, die vom Sterben der Tiere erfahren, werden dadurch sowieso nicht beunruhigt, da ja nicht anzunehmen ist, dass – um das Töten im Schlachthof als Beispiel zu nehmen – die Schlächter sich auf einmal von den Tieren abwenden und mit dem Schlachten von Menschen beginnen werden.

Auch der Utilitarismus ist also außerstande, unseren Pflichten gegenüber Tieren gerecht zu werden, weil er die Verletzung unserer Pflichten gegenüber Individuen immer dann zulässt, ja vorschreibt, wenn dies der Verbesserung des «Gesamtergebnisses» dient. (S. 199 ff., 228 f.)

2.3.6 Inhärenter Wert und Rechte

Um die massiven und unlösbaren Probleme im Zusammenhang mit dem Utilitarismus zu vermeiden, bedarf es einer grundlegenden Veränderung der Perspektive: Wir dürfen den Blick nicht immer nur auf die *Erlebnisse* von Individuen richten und diesen einen Wert zuschreiben, sondern wir müssen vielmehr die Individuen *selbst* hinreichend ernst nehmen und *ihnen* einen Wert zuschreiben. Damit kommen wir nach Regans Kritik an existierenden ethischen Ansätzen zum Kern seines eigenen Konzepts: zum *inhärenten Wert* von Individuen. (Auch hier müssen Regans Ausführungen im Interesse von Verhältnismäßigkeit und Nachvollziehbarkeit gestrafft werden. Vergleiche dazu Finsen/Finsen, 1994, S. 202 f.)

Kennzeichnend für den Utilitarismus ist ja, dass letztlich nur die *Erlebnisse* von Individuen als wertvoll erachtet werden: Richtig ist jene Handlung, die insgesamt am meisten Glück, also am meisten glückliche Erlebnisse produziert – unabhängig davon, welche Individuen diese glücklichen Erlebnisse haben und unabhängig davon, ob diese Glücksmaximierung auf Kosten von unglücklichen Individuen erfolgt.

Von dieser Sichtweise gilt es sich zu verabschieden. Individuen haben selbst einen Wert, einen eigenständigen Wert, einen *inhärenten Wert*. Und dieser Wert ist unabhängig vom Wert ihrer Erlebnisse. Wer ein glücklicheres Leben als ein anderer hat, ist deshalb nicht mehr wert, besitzt deshalb keinen höheren inhärenten Wert. Dieser ist unabhängig von den Erlebnissen, die ein Individuum hat.

Der inhärente Wert eines Wesens ist aber auch unabhängig von den Erlebnissen anderer. Er ist unabhängig davon, ob dieses Wesen von irgendjemandem geliebt, gehasst, bewundert oder respektiert wird. Vor allem ist der inhärente Wert eines Wesens aber auch unabhängig davon, ob dieses Wesen Gegenstand von irgendjemandes Interesse ist oder für irgendjemanden nützlich ist oder sein könnte.

Und weil der inhärente Wert eines Wesens diesem Wesen selbst anhaftet und unabhängig ist von seinen Erlebnissen und den Erlebnissen anderer, ist allen utilitaristischen «Maximierungsungerechtigkeiten» von vornherein ein Riegel vorgeschoben: Wenn Wesen einen *eigenen* Wert haben, der zählt, ist klar, dass kein Schaden, der ihnen zugefügt wird, damit gerechtfertigt werden kann, dass dadurch für *alle* am meisten Glück produziert wird.

Alle Wesen, die inhärenten Wert besitzen, besitzen ihn in gleichem Maße. Denn die Alternative dazu, Wesen aufgrund bestimmter Kriterien unterschiedlichen Wert zuzuschreiben, hat sich als fragwürdig und verhängnisvoll erwiesen. Solche «perfektionistischen» Ansätze, die den moralischen Wert von Wesen an das Haben (bzw. an die Ausprägung) bestimmter Fähigkeiten (wie etwa Intelligenz) koppeln, haben zu so absurden «Gerechtigkeits»-Konzepten und bedenklichen Praktiken wie Sklaverei und Kastenwesen geführt. (S. 233–239)

Inhärenten Wert schreibt Regan jenen Wesen zu, die *Subjekte eines Lebens* sind. Um Subjekt eines Lebens zu sein, genügt es nicht, bloß

lebendig zu sein oder bewusste Erlebnisse zu haben. Vielmehr zeichnen sich Subjekte eines Lebens durch Fähigkeiten und Eigenschaften wie Wahrnehmungen, Wünsche, Gedächtnis, Annahmen, Selbstbewusstsein, Zukunftsvorstellungen und Interessen aus. Außerdem haben sie ein individuelles Wohlergehen, das unabhängig ist davon, ob sie für jemanden anderen nützlich oder Gegenstand von irgendjemandes Interesse sind. Schließlich sind Subjekte eines Lebens autonome Wesen, die ihre Wünsche und Ziele selbst aktiv verfolgen können und wollen.

Subjekte eines Lebens – und damit Wesen mit inhärentem Wert – sind normale erwachsene Menschen, normale Säugetiere, die ein Jahr alt oder älter sind, sowie jene Menschen, deren geistige Fähigkeiten diesen Tieren entsprechen. (S. 243 f., 246, 264, 319; vgl. Pfordten, 1996, S. 143)

Wenn aber Wesen inhärenten Wert haben, dann haben sie auch das *Recht*, dass ihr inhärenter Wert *respektiert* wird (Respekt-Prinzip), das Recht, entsprechend diesem inhärenten Wert *behandelt* zu werden. Und das heißt vor allem: Wesen mit inhärentem Wert dürfen nie so behandelt werden, als hinge ihr Wert von ihrer Nützlichkeit für andere ab. Damit verbietet sich, wie schon gesagt, jegliche utilitaristische Maximierungsstrategie: Ein Wesen, das *selbst* einen Wert hat, den es zu respektieren gilt, darf nicht geschädigt werden unter Hinweis darauf, so die Interessen *anderer* (nämlich aller Betroffenen) zu maximieren. In Anlehnung an Kant könnte man sagen: Wesen mit inhärentem Wert dürfen nie als bloßes *Mittel* zur Maximierung der Interessen aller betrachtet werden. (S. 248 f., 278 f.)

Der Respekt gegenüber dem inhärenten Wert von Wesen gebietet aber nicht nur, dass wir selbst kein solches Wesen unter Hinweis auf das beste Ergebnis für alle Betroffenen schädigen, sondern dass wir auch jenen Wesen beistehen, die von *anderen* auf diese Weise geschädigt werden oder von einer solchen Schädigung bedroht werden. Wir haben nicht nur die Pflicht, selbst den inhärenten Wert von Wesen zu respektieren, sondern auch die Pflicht, Wesen beizustehen, deren inhärenter Wert von *anderen* missachtet wird. Diese Beistandspflicht ist bei Tieren (und anderen diesbezüglich vergleichbaren Wesen) umso größer, als sie nicht in der Lage sind, ihre Rechte selbst zu verteidigen und einzuklagen. (S. 249, 281–284)

2.3.7 Lösung von Konflikten

Gemäß dem Schadensprinzip (vgl. oben, 2.3.4) haben moralische Akteure (insbesondere normale erwachsene Menschen) und moralisch Betroffene (insbesondere normale Säugetiere, die ein Jahr alt oder älter sind, sowie Menschen mit vergleichbaren psychischen Eigenschaften) ein Prima-facie-Recht, nicht geschädigt zu werden. Prima facie ist dieses Recht deshalb, weil es unter bestimmten Umständen verletzt bzw. relativiert werden kann. So darf ich zum Beispiel in einer Notwehrsituation einen Angreifer durchaus schädigen. (S. 286 f., 328)

Regan entwickelt nun zwei Prinzipien, mittels derer Konfliktfälle gelöst werden können. Wir wollen sie der Einfachheit halber Konfliktlösungsprinzip I und Konfliktlösungsprinzip II nennen. Regan spricht vom «minimize overriding principle» und «worse-off principle». (Auf Regans äußerst komplexe und weit ausholende Ausführungen betreffend die Herleitung dieser Prinzipien vom Respekt-Prinzip bzw. betreffend deren Übereinstimmung mit dem Respekt-Prinzip kann hier nicht eingegangen werden. Ebenso wenig auf Zusatzerwägungen im Hinblick auf mögliche Relativierungen dieser Prinzipien in besonderen Ausnahmesituationen. Die entsprechenden Ausführungen finden sich bei Regan in Kapitel 8, «The Rights View».)

Konfliktlösungsprinzip I («minimize overriding principle»): Wenn die einzelnen Unschuldigen gleich geschädigt werden würden, sollen die wenigen Unschuldigen geschädigt werden. (S. 305, 328)

Beispiel: 51 Bergleute sind eingeschlossen. 50 sind an einem Ort gefangen, einer an einem nahe gelegenen anderen. Die örtlichen, zeitlichen und technischen Verhältnisse sind dergestalt, dass entweder die 50 auf Kosten des einen gerettet werden können oder der eine auf Kosten der 50. Konfliktlösungsprinzip I fordert, dass der eine geopfert werden soll. (S. 298, 307)

Konfliktlösungsprinzip II («worse-off principle»): Wenn die einzelnen Unschuldigen ungleich geschädigt werden würden, sollen jene geschädigt werden, die weniger geschädigt werden. (S. 308, 328)

Beispiel 1: Wenn A vom Tod bedroht wird und B von einem Migräneanfall und wir nur einem helfen können, dann sollen wir A helfen. (S. 309)

Beispiel 2: Bei einem Schiffsunglück gibt es fünf Überlebende: einen Hund und vier normale erwachsene Menschen. Das einzige Rettungsboot kann nur vier Individuen fassen. Wer soll über Bord geworfen werden? – Der Hund, weil der Tod für ihn einen geringeren Schaden darstellt als für jeden Menschen. (Der Schaden, den der Tod für ein Individuum bedeutet, ist eine Funktion der künftigen Befriedigungsmöglichkeiten, die der Tod vereitelt.) Daran würde sich auch nichts ändern, wenn anstatt zwischen einem Hund und vier Menschen zwischen einer Million Hunden und vier Menschen entschieden werden müsste: Auch dann müssten die Hunde geopfert werden – weil es um den Schaden geht, der dem *Einzelnen* zugefügt wird, nicht um irgendwelche Schadenssummen. (S. 324 f., 309 f.)

(An dieser Stelle muss eine Warnung an all jene Leser ausgesprochen werden, die sich jetzt vielleicht anhand des Originaltextes selbst ein Bild machen möchten: Das Konfliktlösungsprinzip II, wie es oben formuliert wurde, konnte erst aufgrund mühsamen Studiums der von Regan angeführten Beispiele [re]konstruiert werden. Seine eigene ausdrückliche Formulierung dieses Prinzips [S. 308, 328] ist nicht bloß missverständlich, sondern schlicht falsch, das heißt nicht in Einklang mit seinen eigenen Beispielen. Da ist etwa davon die Rede, dass im Konfliktfall die Rechte der vielen verletzt werden sollen, obwohl es auf die zahlenmäßige Verteilung der Betroffenen überhaupt nicht ankommt! Es erstaunt, dass dieser unübersehbare Mangel in Regans Ausführungen von der Kritik stillschweigend übergangen wird, und zwar selbst da, wo auf Regans Formulierung dieses Prinzips ausdrücklich Bezug genommen oder diese sogar wörtlich zitiert wird. So etwa bei von der Pfordten, 1996, S. 142, Barad-Andrade, 1992, S. 114 f., und Finsen/Finsen, 1994, S. 204 f.)

2.3.8 Vegetarismus

Wie bei Singer wollen wir nun auch bei Regan die praktischen Konsequenzen seiner Philosophie anhand des Fleischessens veranschaulichen. Bevor wir uns aber der grundsätzlichen ethischen Bewertung des Fleischessens im Lichte von Regans Philosophie zuwenden, wollen wir uns, als Fleißaufgabe quasi, auf einen Nebenschauplatz begeben und Fleischessen vor dem Hintergrund von Konfliktlösungsprinzip II betrachten. «Fleißaufgabe» und «Nebenschauplatz» deshalb, weil hier in Wirklichkeit natürlich überhaupt kein Konflikt vorliegt: Es besteht keinerlei wie immer geartete Notwendigkeit, Fleisch zu essen, und wer darauf verzichtet, erleidet keinerlei Schaden – das Gegenteil ist der Fall. Dennoch hat Regan auch diesen Aspekt beleuchtet:

Selbst *wenn* wir es als «Schaden» betrachteten, auf Fleisch zu verzichten – weil uns dadurch bestimmte Geschmackserlebnisse sowie Freuden bei der Essenszubereitung entgingen –, so wäre dieser «Schaden» doch zweifellos unvergleichlich geringer als der Schaden, den Tiere täglich in Tierfabriken erleiden. Also müssten wir gemäß Konfliktlösungsprinzip II diesen kleineren Schaden auf uns nehmen, um die Tiere vor dem ungleich größeren Schaden, der ihnen im Zuge der Fleischproduktion erwächst, zu bewahren. Daran änderte sich im Übrigen auch nichts im Falle von «human», «biologisch» oder sonst irgendwie «schonend» aufgezogenen und geschlachteten Tieren, da auch sie vorzeitig getötet werden. Dadurch werden sie *aller* künftigen Befriedigungsmöglichkeiten beraubt, während unser «Schaden» – nach wie vor – lediglich im Verzicht auf bestimmte Geschmacks- bzw. Kocherlebnisse besteht. (S. 333–336, 394)

Nun aber zur grundsätzlichen ethischen Bewertung des Fleischessens. Dazu wollen wir uns kurz in Erinnerung rufen, was oben (2.3.6) in Bezug auf Lebewesen mit inhärentem Wert gesagt wurde:

Wesen mit inhärentem Wert (also normale erwachsene Menschen, normale Säugetiere, die ein Jahr alt oder älter sind, sowie Menschen, deren geistige Fähigkeiten diesen Tieren entsprechen) haben einen eigenständigen Wert, der unabhängig ist von den Erlebnissen anderer. Insbesondere ist ihr Wert unabhängig davon, ob sie Gegenstand von irgendjemandes Interesse sind oder für irgendjemanden nützlich sind. Dieser inhärente Wert muss respektiert werden. Deshalb dürfen Wesen mit inhärentem Wert nie so behandelt werden, als hinge ihr Wert von ihrer Nützlichkeit für andere ab.

Genau das machen wir aber mit den Tieren, die für unseren Konsum bestimmt sind: Ihr Wert wird *ausschließlich* in ihrer Nützlichkeit für andere, nämlich für uns, gesehen! Wir betrachten und behandeln sie als erneuerbare Ressourcen, deren Wert ausschließlich in ihrer Nützlichkeit für Fleischproduzenten und Fleischkonsumenten besteht.

Dass wir den Tieren obendrein endloses Leiden zufügen, ist ein *zusätzliches* Unrecht. Das Grundübel ist, dass wir ihren inhärenten Wert missachten. Deshalb macht es moralisch auch keinen prinzipiellen Unterschied, ob wir die Tiere «intensiv» oder «human» züchten: Die «human» oder «biologisch» gehaltenen Tiere werden genauso vorzeitig getötet und als erneuerbare Ressourcen betrachtet wie alle anderen. (S. 343–345, 394)

Bei der Fleischerzeugung wird der inhärente Wert von Tieren routinemäßig missachtet. Deshalb haben Menschen die moralische Pflicht, damit aufzuhören, diese Praktik durch den Kauf von Fleisch zu unterstützen. (S. 346, 351, 394)

Schließlich noch eine Bemerkung zu den Tieren, die wir essen, die aber keine Säugetiere sind. Das betrifft insbesondere jene Tiere, die wir mit dem merkwürdigen Wort «Geflügel» zusammenfassen. Hierzu ist zu sagen, dass wir schlicht nicht wissen, wo genau die Grenze zwischen jenen Tieren, die Subjekte eines Lebens sind und damit inhärenten Wert haben, und jenen, die keine Subjekte eines Lebens sind, zu ziehen ist (geschweige denn, ob es eine solche «klare» Grenze überhaupt gibt). Wenn dies aber so ist und vor allem wenn der zu zahlende moralische Preis bei einer Fehlentscheidung so hoch ist, wie er ist, dann sollten wir «im Zweifel für den Angeklagten», das heißt für die uns ausgelieferten Tiere entscheiden und sie so behandeln, als *wären* sie Subjekte eines Lebens. Dies umso mehr, als diese Entscheidung für uns mit keinerlei Schaden, der diese Bezeichnung verdient, verbunden ist. (S. 349, 365–367)

3. Moral für Menschen

3.1 Komplexität der Tierethik

Bei aller Ausgefeiltheit von Singers und Regans Ansätzen: Wirklich «wasserdicht» ist keiner, kritische Fragen und Einwände sind an vielen Stellen möglich. Dabei ist die wahre «Wasserdurchlässigkeit» der Tierethik noch ungleich größer, als es die obigen Darstellungen von Singers und Regans Theorien ahnen lassen: Beide Darstellungen sind extrem wohlwollend und vereinfachend (so wurde etwa bei Singer die Tötungsproblematik ausgeklammert, weil sie für das Verständnis seiner Grundargumentation nicht nötig ist).

Um einen Eindruck von der wahren Komplexität des singerschen Ansatzes zu vermitteln sowie davon, wie kontrovers er auf akademischer Ebene diskutiert wird, soll Singers Philosophie im Folgenden kurz kritisiert werden. Die Ausführungen betreffen Singers meines Erachtens völlig ungeklärtes Verhältnis zum Utilitarismus, konkret: seine Position, dass es zwischen Utilitarismus und Gleichheitsprinzip einen engen Zusammenhang gebe.

Beim Gleichheitsprinzip, wie wir es oben erläutert haben, geht es um die Summen der Interessen der *einzelnen* Betroffenen: Das Interesse eines Tieres an artentsprechender Bewegung, Ernährung usw. ist ungleich größer als das Interesse eines Menschen an einem kurzen Gaumenkitzel. Und weil größere Interessen nicht kleineren Interessen geopfert werden dürfen, ist Fleischessen falsch.

Nun argumentiert Singer aber nicht nur mit dem Gleichheitsprinzip, er ist auch Utilitarist. Und beim Utilitarismus geht es bekanntlich darum, die Interessen *aller* Betroffenen zu *maximieren*: Moralisch richtig ist jene Handlung, die *insgesamt* am meisten Glück (bzw. am wenigsten Leiden) für alle Betroffenen bringt.

In Bezug auf Singers Utilitarismus bzw. Singers utilitaristischer Interpretation des Gleichheitsprinzips ergeben sich nun erhebliche Probleme. Beginnen wir aber mit Singers unzweideutigem Bekenntnis zum Utilitarismus:

> I am a utilitarian. I am also a vegetarian. I am a vegetarian because
> I am a utilitarian. I believe that applying the principle of utility to
> our present situation – especially the methods now used to rear
> animals for food and the variety of food available to us – leads to
> the conclusion that we ought to be vegetarian. (Singer, 1980, S. 325)

> (Ich bin Utilitarist. Und ich bin auch Vegetarier. Ich bin Vegetarier, weil ich Utilitarist bin. Ich glaube, dass die Anwendung des Utilitarismus auf unsere gegenwärtige Situation – insbesondere auf die modernen Methoden zur Aufzucht der Tiere, die wir essen, und auf die Vielfalt an Nahrungsmitteln, die uns zur Verfügung steht – zum Schluss führt, dass wir Vegetarier werden sollen.)
> (Übers. v. H. F. K.)

Trotz dieses klaren Bekenntnisses zum Utilitarismus erfahren wir in Singers Ausführungen über Tierrechte im Allgemeinen und über Vegetarismus im Besonderen aber merkwürdig wenig über diesen Utilitarismus. In *Befreiung der Tiere* (Singer, 1996a), seinem Hauptwerk in Bezug auf Tierrechte, kommt das Wort «Utilitarismus» – außer zur Charakterisierung der Utilitaristen Bentham und Sidgwick (S. 32 f.) – überhaupt nicht vor!

Hinzu kommt, dass die Stellen, an denen vom Utilitarismus die Rede ist, oft schwer nachvollziehbar, zum Teil sogar widersprüchlich sind. Auf diesbezügliche Einzelheiten soll hier nicht näher eingegangen werden, da ich mich dazu an anderer Stelle ausführlich geäußert habe. (Kaplan, 1988; siehe dort zur Orientierung zunächst S. 65 ff.)

Entscheidend ist aber vor allem dies: Singer übersieht, dass der Utilitarismus bzw. ein utilitaristisch interpretiertes Gleichheitsprinzip gar nicht notwendig zum Vegetarismus führt!

> It is unclear how, as a utilitarian, he [Singer, H. F. K.] can argue that we have a moral obligation to stop supporting the practice of raising animals intensively.

> (Es ist unklar, wie er [Singer, H. F. K.] als Utilitarist behaupten kann, wir hätten eine moralische Verpflichtung, aufzuhören, die Intensivtierzucht zu unterstützen.) (Übers. v. H. F. K.)

Dieser Vorwurf Tom Regans (1980, S. 309) muss umso ernster genommen werden, als er ihn nicht nur abstrakt erhebt, sondern auch konkret begründet. Regan gibt Singer zu bedenken:

Der Fleischindustrie verdanken viele Menschen direkt oder indirekt ihren Arbeitsplatz: Tierzüchter und -händler, die Produzenten von Käfigen, die Beschäftigten der Chemieindustrie, wo wachstumsfördernde und infektionshemmende Mittel hergestellt werden, die Transporteure, die Schlächter usw. Außerdem müssen auch die Familien dieser Menschen berücksichtigt werden, deren Lebensunterhalt ebenfalls von der Fleischindustrie abhängt. «The interests which these persons have in 'business-as-usual', in raising animals intensively, go well beyond pleasures of taste and are far from trivial» (ebenda, S. 310). (Die Interessen, die diese Menschen am «business-as-usual», an der Intensivtierzucht, haben, gehen weit über geschmackliche Interessen hinaus und sind alles andere als trivial.) (Übers. v. H. F. K.) Zwar werde eine unmoralische Sache durch den Profit, den manche aus ihr ziehen, nicht gerechtfertigt,

> but Singer, as a utilitarian, cannot *just* appeal to our moral intuitions or *assume* that our intuitions can be given a utilitarian basis. In the particular case of the morality of raising animals intensively, Singer, as a utilitarian, cannot say that the interests of those humans involved in this practice, those whose quality of life presently is bound up in it, are irrelevant. (...) Though the issues involved are enormously complicated ..., one thing is certain: It is not *obviously* true that the consequences for everyone affected would be better, all considered, if intensive rearing methods were abandoned and we all (or most of us) became (all at once or gradually) vegetarians. Some nice calculations are necessary to show this. Without them, a utilitarian-based vegetarianism cannot command our rational assent. Even the most sympathetic reader, even a "fellow traveler" like myself will fail to find the necessary calculations in Singer's work. They simply are not there. (Ebenda, S. 311 f.)

(aber Singer kann als Utilitarist nicht *nur* an unsere moralischen Intuitionen appellieren oder *annehmen*, dass unseren Intuitionen eine utilitaristische Grundlage gegeben werden könne. Im Hinblick auf die moralische Bewertung der Intensivtierzucht kann Singer als Utilitarist nicht sagen, dass die Interessen jener Menschen, die in diese Praxis involviert sind und deren Leben gegenwärtig völlig von ihr abhängt, irrelevant sind. [...] Wenn auch die hier involvierten Fragen enorm kompliziert sind ..., so ist eines doch klar: Es ist in keiner Weise *offensichtlich*, dass, insgesamt betrachtet, die Konsequenzen für alle Betroffenen besser wären, wenn die Intensivtierzucht aufgegeben würde und wir alle [oder die meisten von uns] sofort oder allmählich Vegetarier werden würden. Um dies zu zeigen, bedürfte es ganz schön umfangreicher Kalkulationen. Ohne solche Kalkulationen ist ein utilitaristisch begründeter Vegetarismus unplausibel. Selbst der wohlmeinendste Leser, ja sogar ein Gesinnungsgenosse wie ich selber fahndet vergeblich nach solchen notwendigen Kalkulationen in Singers Arbeiten. Sie wurden schlicht nirgendwo gemacht.) (Übers. v. H. F. K.)

Dazu Singer (1980, S. 332): «It is true that the question is complicated and I have not done all the calculations involved. But I have begun.» («Es stimmt, dass die Frage kompliziert ist und ich noch nicht alle not-

wendigen Kalkulationen gemacht habe. Aber ich habe damit begonnen.»)
(Übers. v. H. F. K.) Erstens habe er gezeigt, welch unendliches Leid den
Tieren durch die moderne Fleischproduktion zugefügt werde. Zweitens
habe er gezeigt, dass der Verzicht auf Fleisch dem Menschen nicht nur
keine großen Opfer auferlege, sondern im Gegenteil *handfeste Vorteile*
bringe – Stichworte: Gesundheit, Wohlgeschmack, Umweltzerstörung
und Welthunger durch Fleischproduktion. Diese Vorteile sowie die Vorteile für die Tiere würden die Nachteile für die von der Fleischindustrie
Abhängigen langfristig wohl klar überwiegen. (Ebenda, S. 332–334)

Zweifellos können diese utilitaristischen Erwägungen bzw. verglei-
chenden Schätzungen Singers ein nicht unbeachtliches Maß an
Plausibilität für sich beanspruchen. Es erscheint in der Tat durchaus
wahrscheinlich, dass der Übergang zu einer vegetarischen Lebenswei-
se unter Berücksichtigung aller Aspekte langfristig für alle Beteiligten
eine Glücksvermehrung bzw. Leidensverminderung mit sich brächte.

Die Frage, inwiefern Singer dies nun im Einzelnen tatsächlich «be-
wiesen» hat (oder mit seinem Instrumentarium auch nur beweisen *könnte*), ist hierbei aber zweitrangig. Entscheidend ist vielmehr, dass sich
problemlos Beispiele finden lassen, wo utilitaristische Kalkulationen
speziesistische Praktiken im Allgemeinen und Fleischessen im Besonderen *sehr wohl rechtfertigen* könnten:

So ist es zum Beispiel durchaus möglich, dass die Summe des Vergnügens, das *Tausende* von Zuschauern eines Stierkampfes haben, größer ist als das Leiden eines *einzigen* Stieres. Auch könnte die Summe
des Vergnügens, das *viele* Besucher eines Bierzeltes beim Verzehr *eines*
Ochsen am Spieß haben, größer sein als das Leid, das diesem Tier
hierfür zugefügt worden ist. (Diese Absurdität des Utilitarismus verdeutlicht – wenigstens für Speziesisten – besonders drastisch Vittorio
Hösle, 1997, S. 155, durch den Hinweis, dass auch die Schlachtung eines Kindes moralisch geboten sein könnte, wenn sich nur genügend
Personen an dessen Fleisch erfreuten.)

Hier treten das Dilemma und die Schwäche des Utilitarismus klar zu
Tage: Weil es um die Maximierung der Interessen *aller* Betroffenen geht
(genauer: um die Maximierung des Maßes, in dem diesen Interessen
Rechnung getragen wird), kann es leicht zu Ungerechtigkeiten in Bezug auf die Interessen der *einzelnen* Betroffenen kommen.

Allgemein: Die Maximierung der Interessen aller Betroffenen kann
auf Kosten der Interessen einzelner Betroffener erfolgen. Konkret – und
damit kommen wir zu obigen Beispielen zurück: Größere Interessen
(des Stieres und des Ochsen) können kleineren Interessen (der einzel-

nen Stierkampfzuschauer und der einzelnen Bierzeltbesucher) geopfert werden – was einen klaren Verstoß gegen das Gleichheitsprinzip darstellt.

Spätestens hier fragt sich natürlich, was denn das Gleichheitsprinzip überhaupt mit dem Utilitarismus zu tun hat. Genau das ist die Frage!

Außer Zweifel steht (vgl. Kaplan, 1988, insbesondere S. 60 f., 67 f., 1993b, S. 213 ff.): Singer arbeitet mit dem Gleichheitsprinzip, Singer ist Utilitarist und für Singer gibt es zwischen Gleichheitsprinzip und Utilitarismus einen engen, ja fundamentalen Zusammenhang.

Aber damit ist es mit der Klarheit auch schon zu Ende. Denn worin dieser Zusammenhang zwischen Gleichheitsprinzip und Utilitarismus bestehen soll, wird umso rätselhafter, je mehr man ihn zu ergründen versucht. Mehr noch: Meines Erachtens besteht zwischen Gleichheitsprinzip und Utilitarismus in Wirklichkeit nicht nur kein zwingender positiver Zusammenhang, sondern überhaupt kein positiver Zusammenhang. Vielmehr schließen sich Gleichheitsprinzip und Utilitarismus in vielen Fällen sogar aus!

Das wird in der Euthanasie-Diskussion, in der Singer bekanntlich ebenfalls eine herausragende Rolle spielt (vgl. z. B. Kuhse/Singer, 1993, Kaplan, 1997), besonders deutlich. Nehmen wir die Situation eines Behinderten und seiner Angehörigen:

Ich kann die Interessen der *einzelnen* Betroffenen ermitteln und diese dann jeweils gleich berücksichtigen, wie ich möchte, dass meine eigenen Interessen in vergleichbarer Situation berücksichtigt würden (Gleichheitsprinzip). *Oder* ich kann die Interessen *aller* Betroffenen betrachten und dann jene Handlungsalternative wählen, bei der insgesamt die meisten Interessen erfüllt werden, das heißt, bei der die Summe des Glücks insgesamt am größten bzw. die Summe des Leidens insgesamt am kleinsten ist (Utilitarismus). Und es kann wohl keinen Zweifel darüber geben, dass das Ergebnis in beiden Fällen ein völlig anderes sein kann: Im ersten Fall kann ich zum Schluss kommen, dass der Behinderte aufopfernd gepflegt werden soll, im zweiten Fall, dass er umgebracht werden soll!

Wir kommen also nicht darum herum, uns zu entscheiden, ob wir uns an den Interessen der *einzelnen* Betroffenen orientieren und diese dann *gleich* behandeln wollen (wie wir selbst in vergleichbarer Situation behandelt werden möchten oder wie wir andere in vergleichbarer Situation behandeln würden) (Gleichheitsprinzip) oder ob wir uns an den Interessen *aller* Betroffenen orientieren und diese dann *maximieren* wollen (Utilitarismus). Das heißt, wir müssen uns entscheiden, ob

wir das Gleichheitsprinzip oder den Utilitarismus anwenden wollen. Davon, dass Gleichheitsprinzip und Utilitarismus, wie Singer nahelegt, quasi zwei Seiten einer Medaille darstellen, kann also nicht im Entferntesten die Rede sein!

Damit wollen wir es mit der Kritik an Singers Utilitarismus bewenden lassen. Allerdings nicht, ohne einen letzten Hinweis zu geben: Die Probleme, die sich bei Singer im Zusammenhang mit seinen Ausführungen über den Utilitarismus ergeben, sind in Wirklichkeit noch wesentlich gravierender, als es die vorangehende Kritik ahnen lässt. Dies hat seine Ursache unter anderem in folgenden Tatsachen:

1) Singer (1994) unterscheidet in Bezug auf seinen Gegenstand drei Formen des Utilitarismus: den klassischen, den Interessen- und den Präferenz-Utilitarismus. Beim ersten geht es um die Maximierung von Glück (S. 17), beim zweiten um die Maximierung von Interessen (S. 29–31) und beim dritten um die Maximierung von Präferenzen (S. 128, 130, 168). Interpretiert man Glück bzw. Lust in einem weiteren Sinne, verschwindet der Unterschied zwischen klassischem und Interessen-Utilitarismus (S. 31). (Entsprechend haben wir in den obigen Ausführungen abwechselnd von Glücks- und Interessensmaximierung gesprochen.)

2) Was Präferenzen von Interessen unterscheidet, bleibt letztlich unklar. Offenbar versteht Singer unter Präferenzen so etwas wie «wohlverstandene Interessen», also jene Bestrebungen, die ein Individuum hat oder hätte, nachdem es seine Interessen rational und im Lichte aller relevanten Fakten überprüft hat. (Vgl. S. 128)

3) Obwohl Singer am Anfang des Buches (S. 11) betont, die früher unterschiedene so genannte «totale» Version und «Vorherige-Existenz»-Version des Utilitarismus nicht mehr verwenden zu wollen, tut er genau das im gesamten Buch (vgl. Register sowie S. 160), wobei entscheidend ist, dass, je nachdem, welche Version man anwendet, man regelmäßig zu völlig verschiedenen Ergebnissen gelangt.

Die wahre Komplexität von Regans Philosophie lässt sich wohl schon allein anhand ihrer obigen Darstellung erahnen: Hier handelt es sich um ein extrem anspruchsvolles Theoriengebäude mit Annahmen – etwa über den inhärenten Wert von Wesen –, die quasi «naturgemäß» weiterführende Diskussionen und weitreichende Einwände provozieren.

Als Reaktion allein auf Singers und Regans Theorien wurden mittlerweile mit Sicherheit viele tausend, wenn nicht gar zehntausende wissenschaftliche Arbeiten verfasst. Daran lässt sich ablesen, wie kritisierbar letztlich praktisch jede Aussage oder Forderung aufgrund dieser ethischen Ansätze ist.

Und wer je als Vegetarier in «feindlicher Umgebung» seine Position zu verteidigen versuchte, kennt die Situation aus eigener leidvoller Erfahrung nur allzu gut: Selbst extrem dumme und letztlich völlig unberechtigte Einwände können einen mitunter sehr rasch völlig aus dem Konzept bringen. Und auch geübte Diskutanten geraten immer wieder in scheinbar ausweglose Argumentationsfallen. Warum? Weil es den letzten, absolut stichhältigen Beweis dafür, dass Tierrechte im Allgemeinen und Vegetarismus im Besonderen moralisch richtig sind, schlicht nicht gibt. (Was hingegen sehr wohl beweisbar ist, ist, dass die Menschen durch die üblichen tierausbeuterischen Praktiken de facto gegen ihre eigenen behaupteten moralischen Positionen verstoßen, also *inkonsequent* sind.)

3.2 Überforderung der Tierethik

Angesichts dieser Situation könnten Tierrechtlerinnen und Tierrechtler verzweifeln und die Sache der Tiere für grundsätzlich hoffnungslos halten: Wenn die Tierethik auf so viele und auf so wichtige Fragen keine hieb- und stichfesten, klar beweisbaren Antworten hat, dann können die Menschen wohl nie wirklich überzeugt werden und dann kann den Tieren wohl nie wirklich geholfen werden. Irgendjemand wird immer irgendeine Gegenposition, die den schrecklichen Status quo der Tiere rechtfertigt, vortragen, und niemand ist imstande, diese tierfeindliche Gegenposition für alle sichtbar und für jeden nachvollziehbar zu widerlegen.

Für eine solche Resignation besteht *in Wirklichkeit* aber nicht der geringste Anlass! Das erkennt man sofort, wenn man den Blick von unserem Umgang mit Tieren abwendet und die Situation in Bezug auf unseren Umgang mit Menschen betrachtet: Da kommen wir de facto *ohne jegliche* ethische Argumente aus! Hier bedarf es offenkundig *überhaupt keiner* argumentativen Beweise, um den angemessenen Umgang miteinander sicherzustellen!

Beim mitmenschlichen Umgang verlassen wir uns schlicht auf eine Handvoll *praktischer Regeln* – die alle kennen und deren Missachtung entsprechend empfindlich bestraft wird: Du darfst niemanden umbringen, foltern, vergewaltigen, einsperren und berauben. Das ists im Wesentlichen auch schon – und es funktioniert! Jedenfalls wird auf diese Weise der praktische Umgang der Menschen untereinander de facto geregelt. Keine Ethik weit und breit, keine monistischen oder pluralistischen Werttheorien, keine handlungs- oder regeldeontologischen

Pflichttheorien, keine egoistischen, altruistischen oder utilitaristischen Theorien, kein naturalistischer Fehlschluss, kein Sein-Sollen-Problem. Nichts, nichts und noch einmal nichts von alledem! Wir haben Gesetze, die alle kennen, und kein Mensch fragt nach irgendeiner ethischen Erklärung, Rechtfertigung oder Begründung.

Wie sollte es auch anders sein! Wenn wir im Umgang mit Menschen jenem Standard gerecht werden wollten, der uns für den Umgang mit Tieren vorschwebt – alles begründen und alle Ausnahmen berücksichtigen –, dann müssten ja alle Menschen ein Ethikstudium absolvieren! Oder Juristen werden, um die komplizierten Gesetze, die aufgrund komplizierter Ethiken erlassen werden, zu verstehen! Aber nichts von alledem ist der Fall. Wir kommen, wie gesagt, mit ganz wenigen und ganz einfachen praktischen Regeln aus, nach deren «wirklicher», «wahrer», «ethischer» oder sonstiger Berechtigung oder Begründung in der Praxis kein Mensch fragt.

Bevor wir fortfahren, sollten wir vier Bereiche klar unterscheiden, um den nötigen Überblick zu behalten:

1. Die ethischen Erwägungen der Menschen betreffend das Verhalten der Menschen gegenüber Tieren («Tierethik»).
2. Das faktische Verhalten der Menschen gegenüber Tieren.
3. Die ethischen Erwägungen der Menschen betreffend das Verhalten der Menschen gegenüber Menschen («Menschenethik»).
4. Das faktische Verhalten der Menschen gegenüber Menschen.

Die Tierethik (1) scheint zwar auf den ersten Blick völlig überfordert zu sein. Dieser Eindruck wird aber sofort relativiert und korrigiert, wenn wir unseren Blick auf den Umgang der Menschen untereinander (4) richten: Dann zeigt sich nämlich, dass auf der Menschenethik (3) ein viel geringerer Begründungsdruck lastet als auf der Tierethik, genauer gesagt, dass auf der Menschenethik, was die faktische Praxis des mitmenschlichen Umgangs anbelangt, so gut wie gar kein Begründungsdruck lastet, weil die wichtigsten Regeln für den mitmenschlichen Umgang nicht ethischer, sondern gesetzlicher Natur sind.

Und jetzt kann man einiges klarer erkennen! Im zwanghaften Bestreben der Tierethik, nur ja seriös und wissenschaftlich genug zu sein, hat sich die Tierethik in eine Sackgasse manövrieren lassen. Der plumpe Trick, auf den sie hereingefallen ist und den offenkundig niemand durchschaut, ist, dass an die Tierethik wie selbstverständlich Forderungen gestellt werden, die an die Menschenethik nie und nimmer gestellt werden und die darüber hinaus von *keiner* Ethik je auch nur ansatzweise erfüllt werden könnten: konkrete Regeln für das praktische Handeln in allen erdenklichen Situationen aufzustellen und deren «Richtigkeit» hieb- und stichfest zu «beweisen». Das hat noch nie eine Ethik geschafft, und das wird auch in Zukunft keine Ethik schaffen!

Genau deshalb, weil solche «ethischen Beweise» im strengen Sinne letztlich bloße Hirngespinste sind, verzichtet man in der Praxis des mitmenschlichen Umgangs von vornherein auf ethische Erklärungen und Begründungen. Man stelle sich auch nur einmal lebhaft vor, zu welch bizarren und ausweglosen Situationen eine solche Ethikzentriertheit führen würde: Ein Mord oder eine Vergewaltigung wird vor Gericht nicht aufgrund eindeutiger Gesetze, sondern aufgrund nebuloser vertragsethischer Konzepte verurteilt, worauf die Verteidigung mit ebenso nebulosen utilitaristischen Argumentationsstrategien versucht, diese Verbrechen doch noch irgendwie zu rechtfertigen. Undenkbar! Lächerlich! Ausgeschlossen!

Das heißt andererseits selbstverständlich überhaupt nicht, dass nirgendwo in unserer Gesellschaft ethische Erwägungen angestellt würden. Und das heißt noch weniger, dass solche ethischen Erwägungen nicht in höchstem Maße sinnvoll, notwendig und wünschenswert sind. Es wäre schrecklich, in einer Welt zu leben, in der sich alle ausschließlich danach orientierten, was gesetzlich verboten ist, anstatt auch danach zu fragen, was moralisch richtig ist. Schließlich definiert der gesetzlich festgelegte Verhaltenskodex nicht mehr als so etwas wie ein moralisches Notprogramm, das die allerschlimmsten Auswüchse menschlicher Rohheit und Gemeinheit verhindern soll.

Allerdings: Solche über das «gesetzliche Notprogramm» hinausgehenden moralischen Erwägungen und Regeln müssen angemessen, einfach und nachvollziehbar sein, um sinnvoll, sprich: praktisch wirksam zu sein. Bevor wir hierauf eingehen, wollen wir aber noch drei wichtige Unterschiede zwischen Tierethik und Menschenethik festhalten:

1) In der gegenwärtigen historischen Situation bestimmt die Tierethik in weiten Bereichen unseren *tatsächlichen* Umgang mit Tieren. Schließlich sind die betreffenden *gesetzlichen* Bestimmungen, soferne überhaupt vorhanden, dermaßen tierfeindlich, dass sie de facto der Ausbeutung von Tieren so gut wie keine Grenzen setzen. Wer etwa keine Tiere isst, also Vegetarier ist, tut dies aufgrund moralischer Überzeugungen (oder gesundheitlicher Erwägungen) und nicht aufgrund irgendwelcher gesetzlicher Bestimmungen.

Im eklatanten Unterschied dazu bleibt die Menschenethik für den faktischen Umgang mit unseren Mitmenschen vergleichsweise folgenlos, weil es konkrete Gesetze mit konkreten Strafandrohungen gibt,

die unser Verhalten gegenüber Menschen regeln. Dass wir in der Regel relativ zivilisiert miteinander umgehen, ist weniger auf ethische Einstellungen als auf befürchtete Strafen zurückzuführen.

2) Aufgrund dieser relativen Folgenlosigkeit der Menschenethik ist die Diskussion hier auch vergleichsweise leblos und akademisch. In der Tierethik hingegen, wo es – Stichwort Vegetarismus – buchstäblich um Leben und Tod geht, ist die Diskussion naheliegenderweise viel lebhafter und kontroverser. Über die Frage, wie Menschen behandelt werden sollten (nicht umbringen, nicht foltern usw.), herrscht außerdem weitgehende Einigkeit. Über die Frage, wie Tiere behandelt werden sollten, gibt es hingegen nach wie vor höchst unterschiedliche Ansichten.

Hinzu kommt: In der Tierethik geht es auch deshalb viel «emotionaler» zu, weil die allermeisten Menschen ein höchst persönliches Interesse an *bestimmten* «Forschungsergebnissen» haben: Wer etwa gewohnt ist, Fleisch zu essen und darauf auch in Zukunft keinesfalls verzichten möchte, wird bei einschlägigen ethischen Diskussionen naturgemäß entsprechend «engagiert» sein. Und ein Schlachthofdirektor oder der Leiter eines Tierversuchslabors wird ebenfalls recht ausgeprägte persönliche Einstellungen in Bezug auf Tiere haben, die er in der Diskussion entsprechend nachdrücklich verteidigen wird. Menschenfresser oder Berufsfolterer, die bei analogen ethischen Diskussionen über Menschenrechte ähnlich «engagiert», sprich: befangen wären, sind hingegen in unserer Gesellschaft eher selten.

3) Die ungeheure Frechheit der Menschenethik, an die Tierethik völlig überzogene und absolut unerfüllbare Forderungen zu stellen, hatte auch ihr Gutes: Inzwischen steht die Tierethik auf ungleich sicherem Boden als die Menschenethik. Während letztere – genauer gesagt, ein Teil von ihr: die akademische Ethik, auf die wir unten noch näher eingehen werden – im Begriffe ist, zwischen läppischem Menschenwürdegedudel und inhaltslosem Theoretisieren in die völlig praktische Bedeutungslosigkeit zu versinken, bringt die Tierethik immer wieder anspruchsvolle Konzepte von praktischer Relevanz hervor. Und dies hat auch über das jeweils gerade betroffene Thema weit hinausgehende positive Konsequenzen: Inzwischen hat sich die Beweislast generell tendenziell umgekehrt. Konkretes Beispiel: Während früher in der ethischen Diskussion in Bezug auf Tierversuche stets die Tierversuchsgegner ihre Position begründen mussten, geraten heute immer mehr jene in Zugzwang und Begründungsnot, die Tierversuche befürworten.

3.3 Einfachheit der Menschenethik

«Ethik ist praktisch, oder sie ist nicht wirklich ethisch», schreibt Peter Singer in seinem Buch *Wie sollen wir leben?* (1996b, S. 194) sehr richtig. Eine Ethik, die wirksam sein soll, das heißt eine Ethik, die die Menschen verstehen und praktizieren können sollen, muss praktisch, das heißt einfach sein. *Müsste* einfach sein, muss man leider sagen. Denn die Realität sieht leider ganz anders aus: In Ethikbüchern und Ethikseminaren ist von einfachen ethischen Konzepten und praktikablen ethischen Regeln keine Spur. Was hier an spitzfindigem Stumpfsinn produziert wird, ist eine schlichte Katastrophe. (Wir kommen unten noch darauf zurück.)

Was wir brauchen, sind nicht unverständliche Theorien, sondern einfache, verständliche, praktikable Regeln – «Leitplanken für die Moral», wie Hans Küng (1999, S. 70) sagt. Und solche moralische Leitplanken existieren ja durchaus auch – etwa in Form der Zehn Gebote.

Vielleicht gibt es darüber hinausgehend aber auch noch so etwas wie eine «ethische Weltformel», eine einzige Regel, die die Essenz aller Moral zusammenfasst und ausdrückt und die für jeden verstehbar und nachvollziehbar ist. Ich halte den Begriff «ethische Weltformel» in der Tat für recht fruchtbar.

Bevor wir uns aber näher mit einer solchen möglichen ethischen Weltformel befassen, sollten wir uns sinnvollerweise über deren «Vorbild», die physikalische Weltformel, etwas näher informieren. Diese physikalische Weltformel sollte, das ist das ehrgeizige Ziel der Physiker, nicht weniger leisten, als alles Wissen über die Materie in einer Formel zu erfassen. (Grolle, 1999, S. 182)

> Es ist der Glaube an die Existenz dieser Weltformel, der die theoretische Physik beseelt. Genährt wird er durch die spektakulären Erfolge der Vergangenheit. War es nicht … Newton … gelungen, alles Wissen über die Planetenbahnen in eine einzige Gleichung zu bannen …? Hatte nicht … Maxwell … später sämtliche elektrischen und magnetischen Phänomene in einem einfachen Regelwerk von Formeln vereint …? (Ebenda, S. 183)

Diese Tendenz in Richtung Einfachheit setzte sich auch im zwanzigsten Jahrhundert fort. Der Mikrokosmos konnte mit immer weniger Gleichungen immer vollständiger erklärt werden (ebenda). Der Physik-Nobelpreisträger Steven Weinberg ist zuversichtlich:

> Mein Glaube an eine endgültige Theorie beruht … darauf, dass unser Bild der Natur immer einfacher geworden ist. Als Student

> musste ich noch eine Fülle von Fakten über Kräfte und Teilchen
> lernen, die nichts als Fakten waren ... Niemand konnte erklären,
> warum es all diese Teilchen gab. Inzwischen wissen wir, wie all das
> auf einfache Weise zusammenhängt. (...) Und Fortschritt in Rich-
> tung auf Einfachheit muss irgendwann zu einem Ende kommen. Es
> stellt sich unweigerlich das Gefühl ein, dass Sie sich einem End-
> punkt nähern, der nicht mehr einfacher sein kann. (Weinberg,
> 1999, S. 192)

Im Gegensatz zur gesuchten physikalischen Weltformel ist die ethische Weltformel in Wirklichkeit längst gefunden! Auch wenn sie kaum
akzeptiert wird (weil sie von der akademischen Ethik als *zu* einfach
diffamiert wird) und auch wenn sie nur wenig praktiziert wird (weil
die Menschen es vorziehen, egoistisch zu leben). Die ethische Weltformel ist nichts anderes als die *Goldene Regel*, jene Regel, die im altin-
dischen Nationalepos Mahabharata als die Summe der Gerechtigkeit,
von Charles Darwin als die Grundlage der Sittlichkeit und von Erik H.
Erikson als der geheimnisvolle Treffpunkt alter Völker bezeichnet wird:
«Was du nicht willst, dass man dir tu', das füg' auch keinem andern zu.»
Oder: «Behandle andere so, wie du auch von ihnen behandelt sein willst.»

Die Goldene Regel finden wir sowohl in der hinduistischen und chi-
nesischen als auch in der jüdischen, christlichen und islamischen Ethik.
Ihre Verbreitung und (theoretische) Akzeptanz kennt offenbar weder
zeitliche noch örtliche Grenzen. Diese Wertschätzung beruht zum Teil
wohl auch auf dem Vorkommen der Goldenen Regel im Neuen Testa-
ment sowie auf ihrer Ähnlichkeit zum Gebot «Liebe deinen Nächsten
wie dich selbst».

Kritisiert wird an der Goldenen Regel – unter anderem – aber immer
wieder, dass sie nicht berücksichtige, dass unterschiedliche Menschen
unterschiedliche Interessen haben. Dies führe, so der Vorwurf, dazu,
dass die Befolgung der Goldenen Regel absurde Konsequenzen zeitige:

> Wörtlich genommen, fordert die Regel einen Masochisten auf, ein
> Sadist zu werden: jemandem, der gerne von anderen gequält
> werden möchte, wird befohlen, andere zu quälen. (M. G. Singer,
> 1975, S. 37)

> Wer zu stolz ist, sich helfen zu lassen, dürfte anderen nicht helfen.
> (Höffe, 1986, S. 93)

> Der Abstinenzler könnte voller Freude universal vorschreiben,
> niemand solle Wein oder Bier trinken. (Mackie, 1983, S. 113)

Zum Einwand, dass die Goldene Regel nicht berücksichtige, dass die Menschen unterschiedliche Interessen und Wünsche haben, ist Folgendes zu sagen: Erstens unterscheiden sich die Menschen im Hinblick auf die grundlegenden Interessen und Wünsche kaum voneinander: Wer will schon belogen, betrogen, beleidigt oder gequält werden! Der Masochist ist zweifellos eine seltene Ausnahme.

Zweitens und vor allem aber: Wo sich die Menschen in ihren Interessen und Wünschen unterscheiden, da berücksichtigen wir dies bei der Anwendung der Goldenen Regel ohnehin automatisch, da alles andere dem Geist der Goldenen Regel aufs Gröbste widersprechen würde!

Vor die Frage gestellt, ob ich einem Behinderten beim Überqueren der Straße helfen sollte, ist mein Gedankengang doch nicht: Da ich selbst nicht behindert bin und so weiter, sondern: Wenn ich jetzt an seiner Stelle wäre, würde ich mir wünschen, dass mir geholfen wird!

Oder: Wenn ich jemandem mit einer Einladung zum Essen eine Freude bereiten möchte, serviere ich natürlich nicht *meine*, sondern *seine* Lieblingsspeise!

Kurz: Bei der Anwendung der Goldenen Regel geht es *selbstverständlich* nicht darum, dem anderen die *eigenen* Wünsche aufzuzwingen, sondern darum, die Wünsche des *anderen* zu berücksichtigen. Sinnvoll und akzeptabel ist deshalb natürlich ausschließlich jenes Verständnis der Goldenen Regel, bei dem man

> seinen Mitmenschen nicht *seine* eigenen, sondern *ihre* eigenen Wünsche, Interessen und Bedürfnisse unterstellt. (...) Die Frage darf also *nicht* lauten: «Wie würde ich, mit all *meinen* Eigenschaften, an seiner Stelle behandelt werden wollen?», sondern vielmehr: «Wie würde ich, mit all *seinen* Eigenschaften, an seiner Stelle behandelt werden wollen?» (Hoche, 1978, S. 361)

Folgerichtig schlägt Hans-Ulrich Hoche (ebenda, S. 358) folgende Fassung der Goldenen Regel vor: «Behandle jedermann so, wie du selbst an seiner Stelle wünschtest behandelt zu werden.»

Diese Regel ist für alle, *die moralisch handeln wollen*, ein ganz hervorragendes und in seiner Wirksamkeit kaum zu überbietendes Mittel, um diese Welt zu einem schöneren, besseren und glücklicheren Ort zu machen!

Das heißt selbstverständlich nicht, dass sich bei der Anwendung der Goldenen Regel keine Probleme ergeben können. Natürlich kann es auch hier, wie dies beim moralisch motivierten Handeln oft der Fall ist, zu lebhaften Diskussionen, unterschiedlichen Interpretationen und schmerzlichen Konflikten kommen. Aber:

1) Dies gilt für *alle* moralischen Prinzipien, die hinreichend einfach sind, um praktikabel zu sein.
2) Dies ändert nichts daran, dass die Goldene Regel in den meisten real vorkommenden Situationen ganz ausgezeichnet funktioniert.
3) Eine einfache Regel, die in der Praxis *meistens* funktioniert, ist unendlich wertvoller als eine Ethik, die *vielleicht* theoretisch immer funktioniert (das heißt alle denkbaren Fälle abdeckt), die aber dafür so kompliziert und unverständlich ist, dass sie von niemandem verstanden und daher auch von niemandem praktiziert wird.
4) Die meisten Probleme bei der Anwendung der Goldenen Regel treten – wie bei anderen moralischen Prinzipien auch – dann auf, wenn sich die Betroffenen absichtlich dumm stellen, das heißt, wenn sie sie missverstehen *wollen*.
5) Ich selbst habe im konkreten zwischenmenschlichen Umgang noch *niemals* erlebt, dass die *ehrliche und ernsthafte* Anwendung der Goldenen Regel nicht möglich gewesen wäre oder zu einem Ergebnis geführt hätte, das ihrem Geist widersprochen hätte.

Durch die Charakterisierung der Goldenen Regel als ethische Weltformel sollen andere ethische Ansätze freilich nicht mit einem Denk- oder Praktizierverbot versehen werden. Die Goldene Regel soll aber als so etwas wie eine Leitregel betrachtet werden. Das heißt, dass andere oder weiterführende Ansätze oder Überlegungen üblicherweise erst in Betracht gezogen werden sollen, wenn die Goldene Regel nicht mehr greift.

Wenn alle Menschen die Goldene Regel konsequent anwenden würden, wären mit einem Schlag 99 Prozent aller Übel, die sich durch moralisches Handeln beseitigen lassen, beseitigt.

Die Goldene Regel ist so etwas wie die Essenz aller Ethik. Daraus resultiert auch ihre unübersehbare Ähnlichkeit mit anderen ethischen Konzepten, wie etwa mit Kants kategorischem Imperativ (vgl. Emcke/ Schwarz, 1999, S. 52, Küng, 1990, S. 84). Interessanterweise existiert auch ein auffallendes Naheverhältnis zwischen Goldener Regel und Singers Gleichheitsprinzip, wie wir es oben dargestellt haben.

Der Berührungspunkt bzw. die Ähnlichkeit ergibt sich daraus, dass die Goldene Regel beim Anwenden des Gleichheitsprinzips quasi für die «Verankerung im Absoluten» verantwortlich ist: Wenn ich zum Beispiel zwei Personen gegenüberstehe, die sich in der gleichen Situation befinden, so sagt mir das Gleichheitsprinzip zwar, dass ich sie gleich behandeln soll, aber um zu erfahren, «wie gleich» ich sie behandeln soll, werde ich wohl in mich hineinhorchen und mich fragen, wie ich an ihrer Stelle behandelt werden möchte. Damit bin ich bei der Goldenen Regel.

Wenn ich nur einer Person gegenüberstehe und wissen möchte, wie ich sie behandeln soll, werde ich sowieso sofort erkunden, wie ich an ihrer Stelle behandelt werden möchte, anstatt zuerst zu überlegen, wie ich fiktive andere Personen in der gleichen Situation behandeln würde.

Zurück zur Goldenen Regel selbst. Ihre besondere Stärke liegt nicht nur in ihrer Einfachheit und vielseitigen Anwendbarkeit, sondern vor allem auch in ihrer emotionalen Nachvollziehbarkeit. Auf diesen wichtigen Punkt werden wir unten noch näher eingehen. Aber schon hier soll die Bedeutung dieses Aspekts anhand eines Beispiels veranschaulicht werden.

Julius Hackethal (1992, S. 227), der bekannte Medizinkritiker, gelobte seinen Patienten, sie so zu behandeln, wie er seinen besten Freund behandeln würde. Dies ist ein wunderbares Beispiel für die Effizienz und universelle Anwendbarkeit der Goldenen Regel!

Denn es ist natürlich davon auszugehen, dass man seinen besten Freund so behandelt, wie man selbst behandelt werden möchte. Hackethals Formulierung des Gelöbnisses – den Patienten nicht wie sich selbst, sondern wie seinen besten Freund zu behandeln –, resultiert lediglich aus der faktisch-technisch bedingten Tatsache, dass sich ein Arzt, insbesondere ein Chirurg, in der Regel nicht selbst behandeln wird. Vom Sinn und Inhalt her haben wir es bei diesem Gelöbnis aber mit nichts anderem als mit der Goldenen Regel zu tun.

Und dieses Beispiel illustriert, wie gesagt, in herausragender Weise, wie effizient und universell anwendbar die Goldene Regel ist: Man denke an die immens komplizierten medizinischen, technischen, organisatorischen und rechtlichen Rahmenbedingungen, unter denen ein Arzt seinem Patienten begegnet. Und eine einzige – in der Tat «goldene»! – Regel ist in der Lage, sein Handeln auf eine Weise zu bestimmen, die den Patienten in höchstem Maße beruhigt und für den Arzt sachlich, persönlich und emotional nachvollziehbar ist!

4. Moral für Menschen und Tiere

4.1 Universalität von Moral

> Warum soll ich, der ich glücklich bin, wenn ich nicht verfolgt
> werde, andere Geschöpfe verfolgen oder verfolgen lassen? Warum
> soll ich, der ich glücklich bin, wenn ich nicht gefangen werde,
> andere Geschöpfe fangen oder fangen lassen? Warum soll ich, der
> ich glücklich bin, wenn niemand mir ein Leid zufügt, anderen
> Geschöpfen Leid zufügen oder zufügen lassen? Warum soll ich, der
> ich glücklich bin, wenn ich nicht verwundet und getötet werde,
> andere Geschöpfe verwunden oder töten oder für mich verwunden
> oder töten lassen? Ist es nicht nur natürlich, dass ich das, was ich
> wünsche, dass es mir nicht geschehe, auch anderen Geschöpfen
> nicht geschehen lasse?
>
> Edgar Kupfer-Koberwitz (1992, S. 11)

Die Goldene Regel sagt uns nicht nur, wie wir unsere Mitmenschen
behandeln sollen, sondern auch, wie wir Tiere behandeln sollen. Nicht
zuletzt deshalb *ist* die Goldene Regel die ethische Weltformel!

Es ist kein Zufall, dass die Goldene Regel eine innige Verwandtschaft
aufweist zur universellen Erkenntnis Albert Schweitzers (o. J.a, S. 169 f.):
«Ich bin Leben, das leben will, inmitten von Leben, das leben will.» Die
Goldene Regel ist im Grunde die moralische Schlussfolgerung aus dieser psychologischen Erkenntnis.

Der erste, reflexartige Einwand, der gegen die Anwendung der Goldenen Regel auch gegenüber Tieren erhoben werden wird, lautet: Aber
wir wissen ja gar nicht, wie Tiere behandelt werden wollen. Dieser Einwand, der in Wirklichkeit ein Vorwand ist (um Tiere weiterhin hem-
mungslos ausbeuten zu können), ist, wie wir im Folgenden sehen werden, völlig ungerechtfertigt: Wir können sehr wohl wissen, wie Tiere
fühlen und was sie wollen!

4.2 Zugang zum tierlichen Erleben

4.2.1 Analogie

Zwischen Menschen und Tieren gibt es, wie wir im ersten Kapitel
gesehen haben, eine Fülle von objektiven Ähnlichkeiten. Vor allem
haben Tiere wie Menschen bewusste Erlebnisse: Sie empfinden physi-

sche Schmerzen und seelisches Leiden und sind intelligente, soziale sowie moralfähige Wesen. Dieser objektiven Ähnlichkeit zwischen Menschen und Tieren entspricht auch eine subjektive Ähnlichkeit, das heißt eine erlebte, auf alle Fälle *erlebbare* Ähnlichkeit: Wir können die Erlebnisse der Tiere erkennen, wir haben Zugang zu ihrem Bewusstsein, wir können wissen, was in ihnen vorgeht.

Zum Teil haben wir die Frage, ob und wie wir tierliches Erleben erkennen können, ohnehin schon behandelt. Das war auch gar nicht anders möglich, weil die Frage, ob Tiere bewusste Erlebnisse *haben*, praktisch untrennbar verknüpft ist mit der Frage, wie wir diese bewussten Erlebnisse *erkennen* können.

Bereits in 1.1 hatten wir festgestellt, dass es ohnehin keinem normalen Menschen je in den Sinn käme, ernsthaft zu bezweifeln, *dass* Tiere fühlende, wollende und bewusste Wesen sind. Einigen abwegig veranlagten Wissenschaftlern und Philosophen bleibt es vorbehalten, weiter vor sich hin zu orakeln: *Streng genommen, letztlich* können wir nicht wissen, was in Tieren vorgeht. (Zur teilweisen Ehrenrettung dieser notorischen Zweifler sei angemerkt, dass sich viele in ihrem Privatleben überhaupt nicht entsprechend ihrer eigenen Skepsis verhalten. Den eigenen Hund behandeln sie sehr wohl wie ein fühlendes, wollendes und bewusstes Wesen.)

Was der Mathematiker und Physiker Volker Arzt und der Biologe und Chemiker Immanuel Birmelin (1993, S. 8 f.) in ihrem Buch *Haben Tiere ein Bewusstsein?* sarkastisch bemerken, scheint in der Tat zuzutreffen: «Die Frage ist weniger, ob Tiere denken können, als vielmehr, was die Tiere tun müssten, um die Wissenschaftler davon zu überzeugen, dass das, was sie tun, tatsächlich Denken ist.»

Im Folgenden wollen wir uns aber dennoch, sozusagen sicherheitshalber, um auch die letzten Bedenken zu zerstreuen, konkret mit der *Behauptung* auseinandersetzen, dass das Vorhandensein tierlichen Bewusstseins wissenschaftlich nicht beweisbar sei, dass tierliche Erlebnisse uns prinzipiell nicht zugänglich seien.

Donald R. Griffin (1985) hat sich in seinem bahnbrechenden Buch *Wie Tiere denken – Ein Vorstoß ins Bewusstsein der Tiere* ausführlich mit dieser Frage befasst und die philosophischen Fallstricke, die hier gerne und mit kindischer Freude ausgelegt werden, identifiziert. Ich fasse seine Forschungsergebnisse (siehe S. 38 f.; ergänzt durch die Ausführungen von Teutsch, 1987, S. 14, Sambraus, 1982, S. 24–27, und Lorenz, 1980, S. 251) zusammen:

Entscheidend ist zunächst einmal zu erkennen, dass der Vorwurf der

Nichtbeweisbarkeit fremden psychischen Erlebens auch auf das Erleben *unserer Mitmenschen* zutrifft. Auch deren subjektives Erleben ist streng genommen wissenschaftlich nicht beweisbar oder objektivierbar, weil unser Wissen über das Erleben anderer notwendig auf *Analogieschlüssen* (die zwar zu sehr wahrscheinlichen, aber nie zu absolut sicheren Ergebnissen führen) beruht: Weil unsere Mitmenschen uns ähnlich sind, schließen wir, durchaus vernünftig, dass sie (in vergleichbaren Situationen) auch Ähnliches *erleben*.

Streng genommen sind aber in der Tat alle subjektiven Erlebnisse an das jeweilige Subjekt gebunden und wir haben keine Möglichkeit des direkten Zugangs zu diesen Erlebnissen. Logisch betrachtet könnte es sich bei allen Mitmenschen um Roboter handeln, die (etwa dank eines ausgefeilten Computerprogramms und einer komplizierten Mechanik) uns nur den *Anschein* vermitteln, wie wir Menschen mit bewussten psychischen Erlebnissen zu sein: «Rein logisch lässt sich der Solipsismus – die Ansicht, ich sei die einzige, bewusst denkende Kreatur im All – nicht widerlegen» (Griffin, 1985, S. 39).

Letzte Sicherheit haben wir weder in Bezug auf tierliches noch in Bezug auf fremdes menschliches Erleben. In beiden Fällen sind wir auf Analogieschlüsse und Wahrscheinlichkeiten angewiesen. Das heißt aber auch: Konsequenterweise müssen wir in beiden Bereichen die gleichen methodischen und logischen Standards gelten lassen und dürfen nicht in Bezug auf das Erfassen tierlichen Erlebens eine Strenge und Sicherheit fordern, die in Bezug auf das Erfassen menschlichen Erlebens weder erwartet wird noch erreichbar ist:

> Viele der Einwände gegen die Untersuchung von Gedanken und Gefühlen bei Tieren scheinen … auf einer Art von «Spezies-Solipsismus» zu beruhen. Es mag logisch unmöglich sein, die Behauptung, alle Tiere seien gedankenlose Roboter, zu widerlegen. Aber wir können diesem paralysierenden Dilemma entrinnen, indem wir uns auf dieselben Kriterien vernünftiger Plausibilität verlassen, die uns dazu führen, die Realität des Bewusstseins bei anderen Menschen anzuerkennen. (Ebenda)

4.2.2 Ethologie

Nachdem wir uns mit den philosophischen Spitzfindigkeiten und Kindereien befasst haben, die im Zusammenhang mit der Frage nach der Beweisbarkeit bzw. Erkennbarkeit tierlichen Erlebens zuweilen vorgebracht werden, können wir uns ernsthafteren Dingen zuwenden. Die

Ethologie, also die Verhaltensforschung, ist sehr wohl in der Lage festzustellen, wann sich Tiere wohl fühlen und wann sie leiden (vgl. Teutsch, 1987, S. 61). Dazu eine ebenso grundsätzliche wie eindeutige Stellungnahme des bekannten Biologen H. H. Sambraus (1982, S. 24) aus seinem Aufsatz *Ethologische Grundlagen einer tiergerechten Nutztierhaltung*:

> Die Möglichkeiten, etwas über die Empfindungen von Tieren zu erfahren, sind kaum geringer als bei Menschen untereinander. Dass es sich bei ihnen um Angehörige anderer Arten handelt, ist kein grundsätzliches Hindernis. Zumindest die warmblütigen Wirbeltiere, also Säugetiere und Vögel, zeigen in Morphologie, Histologie, Physiologie und in der neutralen Organisation grundsätzlich eine ausserordentlich grosse Uebereinstimmung mit dem Menschen. Das Gleiche gilt für die Verhaltensorganisation. (…) Die Psychologie gewinnt viele grundlegende Erkenntnisse über das Wesen der menschlichen Psyche aus Untersuchungen an Tieren.

Kein Wunder: Die körperlichen Symptome psychischen Geschehens sind bei Menschen und Tieren grundsätzlich die gleichen. So zeigen zum Beispiel auch Tiere in Situationen, die uns Angst machen, folgende Reaktionen: Erweiterung der Pupillen, Erhöhung der Herzschlagfrequenz, Beschleunigung der Atmung, Schweißausbruch, Muskelzittern, Absatz von wässerigem Kot sowie unkontrollierte, panikartige Fluchtbewegungen. (Ebenda, S. 25)

Weitere körperliche Symptome, die dem Experten Auskunft über das innere Erleben von Tieren geben, sind unter anderem Gang, Gesichtsausdruck, Blick, Haltung und Bewegung der Ohren sowie Haltung des Schwanzes (Cena, 1978). Auf weitere Einzelheiten des methodischen Instrumentariums der Ethologie wollen wir hier nicht eingehen. (Für einen diesbezüglichen Überblick siehe Putten, 1982, und Rist, 1982.) Anstatt dessen sei eine sehr anschaulich beschriebene Beobachtung von Konrad Lorenz (1980, S. 254), einem Pionier der Ethologie, zitiert:

> Wenn eine Graugans, die ihren Gatten verloren hat, haargenau dieselben objektiv feststellbaren physiologischen Symptome zeigt wie ein tieftrauriger Mensch, Symptome, die John Bowlby in seiner Arbeit «Infant Grief» für Kleinkinder so überzeugend und herzzerreißend beschrieben hat, so kann der Beobachter gar nicht umhin zu fühlen, dass der Vogel trauert. Der Tonus des Nervus sympathicus nimmt dramatisch ab, die Augen sinken tief in ihre Höhlen zurück, die Muskulatur erschlafft, der Kopf sinkt traurig herab, man wird zwingend an den tröstenden Zuspruch gemahnt, den man trauernden Menschen zu sagen pflegt: «Lass den Kopf nicht hän-

gen.» Viele weitere physiologische Symptome der Trauer sind bei der verwitweten Gans und bei einem tieftrauernden Menschen schlicht und einfach die gleichen.

Schließlich sei noch auf einen aufschlussreichen (wenngleich moralisch zumindest teilweise fragwürdigen) experimentellen Ansatz verwiesen, um herauszufinden, was Tiere wirklich wollen bzw. was ihnen wirklich «am Herzen liegt». Marian Stamp Dawkins (1994, S. 189–219) beschreibt in ihrem bereits erwähnten Buch *Die Entdeckung des tierischen Bewusstseins* zahlreiche raffinierte und differenzierte Versuchsanordnungen, mit denen sich recht genau feststellen lässt, welchen «Preis» Tiere für bestimmte Dinge zu «zahlen» bereit sind – zum Beispiel wie lange sie auf Futter verzichten, um dafür Sex zu bekommen.

4.2.3 Empathie

Kinder haben in aller Regel einen ganz natürlichen, ursprünglichen und unverkrampften Zugang zum Erleben der Tiere: Empathie, also Einfühlung. Durch einfühlendes Verstehen kommunizieren Kinder wie selbstverständlich mit Tieren. Gotthard M. Teutsch (1987, S. 103) weist darauf hin, dass sich Kinder und Tiere quasi auf gleicher Ebene begegnen: Beide sind sehr liebebedürftig und auf das spielerische Üben ihrer Kräfte sowie auf das Erkunden ihrer Umwelt angelegt.

Sigmund Freud (1974, S. 412) weist auf die Parallelen zwischen der individuellen und stammesgeschichtlichen Kindheit des Menschen hin:

> Das Verhältnis des Kindes zum Tiere hat viel Ähnlichkeit mit dem
> des Primitiven zum Tiere. Das Kind zeigt noch keine Spur von
> jenem Hochmut, welcher dann den erwachsenen Kulturmenschen
> bewegt, seine eigene Natur durch eine scharfe Grenzlinie von allem
> anderen Animalischen abzusetzen. Es gesteht dem Tiere ohne
> Bedenken die volle Ebenbürtigkeit zu; im ungehemmten Bekennen
> zu seinen Bedürfnissen fühlt es sich wohl dem Tiere verwandter als
> dem ihm wahrscheinlich rätselhaften Erwachsenen.

Es gibt viele Berichte über die enge Beziehung zwischen Kindern und Tieren. Ein besonders zu Herzen gehender stammt von Abraham Lincoln, dem 16. Präsidenten der Vereinigten Staaten. Er beschreibt mit berührenden Worten seine Freundschaft zu einem Schwein, die er als Sechsjähriger hatte. Er erzählt, wie das Tier ihn bereits zum Spielen erwartete, wie er ihm Kunststücke beibrachte, wie sie gemeinsam Verstecken spielten und wie sein vierbeiniger Freund ihm überallhin folgte, nachdem er zu schwer zum Tragen geworden war.

Besonders lebhaft in Erinnerung sind Lincoln die endlosen Waldspaziergänge, die er regelmäßig mit seinem Spielgefährten unternahm, und, wie er ihm dabei half, Eicheln und Nüsse zu finden. Schließlich schildert Lincoln sein namenloses Entsetzen, als er erfuhr, dass sein Spielkamerad am nächsten Tag geschlachtet werden sollte, sowie seine verzweifelten und letztlich vergeblichen Versuche, ihn vor der mordenden Hand des Vaters zu retten. (Iglehart, 1993, S. 11)

Im Laufe der Zeit geht bei den meisten Menschen das Gefühl und Bewusstsein der innigen Verwandtschaft und Nähe zum Tier verloren. An ihre Stelle tritt der von Freud angeführte Hochmut des Erwachsenen gegenüber Tieren. Es ist nahe liegend, dass diese auffallende Distanzierung mit unserer Gewohnheit, Fleisch zu essen, zusammenhängt: Es ist nicht leicht, Lebewesen einerseits gerne zu haben und andererseits umzubringen und aufzuessen. Wenn man Letzteres – aufgrund der üblichen Erziehung – regelmäßig tut, muss man sich wohl innerlich von diesen Wesen zurückziehen.

Dennoch bleiben bei vielen Menschen Reste der ursprünglichen empathischen Beziehung zum Tier erhalten. So unterscheidet sich unser Mitleid mit einem verletzten oder leidenden Tier – wenn wir unmittelbar mit ihm in Berührung kommen – qualitativ oft nicht wesentlich von unserem Mitleid mit einem verletzten oder leidenden Menschen (vgl. Midgley, 1983, S. 31, Salt, 1976, S. 174). Auch der Schmerz über den Verlust eines geliebten Tieres ist oft durchaus vergleichbar mit dem Schmerz, den wir beim Tod eines uns nahen Menschen empfinden. Dazu Sigmund Freud (zitiert nach Jones, 1978, S. 171) über seinen Schmerz beim Ableben seines geliebten Hundes Lün Yu: «Es ist der Qualität, wenn auch nicht der Intensität nach wie der Schmerz um ein verlorenes Kind.»

Manchmal sind es auch ganz besondere Umstände oder Erlebnisse, die die ursprüngliche Nähe und Verbundenheit zum Tier sowie das einfühlende Verstehen und Kommunizieren mit ihm wieder aufleben lassen. So berichtet zum Beispiel Karen Davis (1990, S. 33–35) über ihre subtilen Erlebnisse mit einem Huhn, das durch Zufall dem Abtransport ins Schlachthaus entkommen war. Und der ehemalige Tierexperimentator Claude A. Frazier (1990, S. 44 f.), der Katzen bisher vor allem als Forschungsgegenstände auf seinem Seziertisch kannte, schildert sein Schlüsselerlebnis, das ihn zum engagierten Tierversuchsgegner und Tierrechtler machte: Nachdem ihn seine Frau verlassen hatte und ihm seine Kollegen eine kleine Katze geschenkt hatten, um ihn aus seinen Depressionen zu reißen, entwickelte sich zwischen ihm und seinem neuen Mitbewohner eine so innige Beziehung, dass es für ihn unmöglich wurde, solche und andere Tiere weiterhin «im Namen der Wissenschaft» zu zerschneiden.

Zahlreich sind auch die Berichte von Jägern, die aufgrund einschneidender Erlebnisse von einem Tag zum anderen von ihrem schrecklichen Steckenpferd abließen. So berichtet etwa Schopenhauer (1977, S. 282) von einem Engländer, der den Blick, den ihm ein sterbender Affe zugeworfen hatte, nicht mehr vergessen konnte und deshalb nie mehr auf Affenjagd ging.

Ein anderer Jäger, Wilhelm Harris, berichtet Schopenhauer, hatte in Afrika einen weiblichen Elefanten geschossen. Als er am folgenden Morgen das erlegte Tier aufsuchte, stellte er fest, dass inzwischen alle anderen Elefanten die Gegend verlassen hatten. «Bloß das Junge des gefallenen hatte die Nacht bei der todten Mutter zugebracht, kam jetzt, alle Furcht vergessend, den Jägern mit den lebhaftesten und deutlichsten Bezeugungen seines trostlosen Jammers entgegen, und umschlang sie mit seinem kleinen Rüssel, um ihre Hülfe anzurufen. Da, sagt Harris, habe ihn eine wahre Reue über seine That ergriffen und sei ihm zu Muthe gewesen, als hätte er einen Mord begangen.» (Ebenda)

Besonders eindringlich ist folgendes Bekenntnis eines reuigen Jägers (*Von der Lust ...*, 1995, S. 33):

> Es liegt ein Gewehr im Wasser des Moosehead-Sees, etwa sechzig
> Fuß von der Küste. Dieses warf ich fort um der Menschlichkeit
> willen vor dreissig Jahren oder mehr. Dort war's, als ich eine
> trinkende Rehmutter verwundete. Und ich war stolz, als ich sie
> fallen sah. Sie erhob sich, fiel wieder und schleppte sich langsam
> fort. Von ferne hörte ich einen kläglichen Lockruf. Als ich sie
> erreichte, beleckte sie zärtlich ein Rehkitz – ein winziges, furchtsa-
> mes, zitterndes Wesen. Da schien meine Seele mit einem Finger
> des Zornes, wie mit einem scharfen Stachel, mein Herz zu durch-
> bohren. Ich nahm das Rehkitz behutsam auf, als die Mutter gestor-
> ben war und kniete nieder an der Küste des Sees. Ich betete und
> schrie mein Gelübde zum Himmel, nie wieder ein Tierwesen zu
> töten oder sein Fleisch zu essen. Ich verdammte jenes Gewehr, ich
> verfluchte jenen Schuß und begrub die Rehmutter an jenem Tag. In
> Tränen betete ich über dem Begräbnisort, dann trug ich mein
> Rehkitz heim.

Das ursprüngliche empathische Verstehen und Kommunizieren mit Tieren kann aber auch bewusst und systematisch wiederhergestellt, reaktiviert werden. (An dieser Stelle sei in Erinnerung gerufen, dass es uns hier nicht darum geht zu zeigen, dass alle Menschen tatsächlich eine empathische Beziehung zu Tieren haben, sondern darum, dass eine solche Beziehung aufgebaut werden kann, das heißt, dass wir, wenn wir *wollen*, wissen können, was in Tieren vorgeht.) Ein Beispiel für eine solche Wiederherstellung der ursprünglichen Nähe und Kommunikation zwischen Menschen und Tieren sind die so genannten «Tiertherapien».

Die therapeutische Wirkung von Tieren wird gezielt eingesetzt, unter anderem in Krankenhäusern, Erziehungsheimen und Gefängnissen (Blum, 1994, S. 26, Behr, 1989, S. V, Rowe, 1989, S. 20–22, Nimtz-Köster, 1991/92, S. 19 f). Ob dies auch immer im Interesse der betroffenen Tiere liegt, steht freilich auf einem anderen Blatt. (*«Helping Hands» is …*, 1989, S. 34 f.)

Worum es bei Tiertherapien geht, erläutert das Informationspapier *«Heilkraft» der besonderen Art* (1989, S. 2) des österreichischen *Instituts für interdisziplinäre Erforschung der Mensch-Tier-Beziehung*: «Für die Menschen der Antike war es selbstverständlich, was neueste Forschungen nun empirisch beweisen: dass Menschen, die mit einem … Heimtier zusammenleben, ausgeglichener sind, freundlicher und ‹stabiler›. Dass sie Krankheiten leichter bewältigen und Krisen besser meistern.» Ein konkretes Beispiel (ebenda, S. 1) soll Wesen und Wirkung der Tiertherapie veranschaulichen:

> Sie heißt Anna; ist Patientin im Psychiatrischen Krankenhaus auf der Baumgartner Höhe in Wien; geistig schwer behindert. Sie wird nie ohne stationäre Behandlung auskommen können. Der Initiative moderner Psychiater verdankt sie es, einmal wöchentlich «Tierbesuch» zu bekommen. Eine junge Wiener Tierpädagogin hat das organisiert: Sie kommt mit Hund und Hasen, Hamster und Huhn. Lässt sie von den Patienten streicheln, füttern, zeichnen. Sieht ein Lächeln auf sonst leeren Gesichtern.
> Nur Anna reagiert nicht; monatelang nicht. Oder höchstens mit einem bösen Achselzucken. Ein letzter Versuch: Man zeigt ihr einen jungen Zwerghamster und ihm gelingt das kleine, große Wunder: «Liab», sagt die Anna. Diese Anna, die von sich aus keine Silbe artikuliert, die bestenfalls einzelne Worte nachsprechen kann. Dem Mini-Hamster ist gelungen, was geduldige Therapeuten bislang nicht schaffen konnten: die «Mauer» zu durchbrechen, die diese Kranke umgibt.

Wichtig für unsere Fragestellung – Haben wir Zugang zu tierlichem Bewusstsein, können wir tierliche Erlebnisse erkennen? – ist, dass es bei Tiertherapien nicht darum geht, eine «künstliche» Mensch-Tier-Beziehung herzustellen, sondern darum, eine in uns angelegte und in unserer Kindheit oft verwirklichte Mensch-Tier-Beziehung zu reaktivieren. Deshalb ist auch die Anwendung von «Tiertherapien», die gezielte Nutzung der Kommunikationsmöglichkeit zwischen Menschen und Tieren, keineswegs auf den Umgang mit psychisch kranken oder auffälligen Menschen beschränkt.

Folgerichtig werden diese «tierlichen Therapeuten» auch eingesetzt, um Körperbehinderten, die geistig völlig normal sind, bei der Bewältigung ihres Alltags zu helfen. Diesbezüglich aufschlussreich ist ein Forschungsprojekt von Mary Joan Willard (Lowther, 1987, S. 12 ff.), die Kapuzineräffchen dafür trainierte, Querschnittgelähmten, die an den Rollstuhl gefesselt sind, zu helfen. Den Tieren wurde zum Beispiel beigebracht, Licht, Radio und Fernseher ein- und auszuschalten, eine Kassette in den Recorder zu legen, bestimmte Gegenstände zu bringen usw. Die Kapuzineräffchen lernten sogar, ein vorbereitetes Essen aus dem Kühlschrank zu holen, es aufzuwärmen und den Patienten dann mit einer Tasse zu füttern. Über die Beziehung zwischen der Patientin Sue und dem Kapuzineräffchen Henrietta berichtet Willard:

> Natürlich ist zunächst mal wichtig, dass Henrietta eine Reihe von Dingen für Sue erledigen kann. Aber wichtiger scheint mir noch, dass sie ihren sozialen Horizont erweitert hat. Sues Eltern erzählten mir, dass das erste, was sie nach dem Unfall beklagte, die Tatsache war, dass sie nun nie mehr Kinder haben könnte, und sie hätte sich Kinder so sehr gewünscht. Henrietta ist ein Wesen irgendwo zwischen Lieblingstier und Kind. Man muss einfach mal hinhören, wenn die zwei sich unterhalten. Sie haben eine sehr gesunde gute und tiefe Beziehung. (Lowther, 1987, S. 20)

Und Sue über die Wiedersehensfreude von Henrietta nach längerer Trennung:

> Sie stürzt sich förmlich auf mich. Was für ein Küssen und Abschlecken und Umarmen, während sie mir alles mitteilt, was sie erlebt hat! Ich würde schon sagen, wir haben ein Liebesverhältnis miteinander. (Ebenda)

Natürlich wäre es unsinnig zu leugnen, dass beim Erfassen tierlicher Erlebnisse durch den Menschen auch Probleme auftreten können. Selbstverständlich besteht die Gefahr, dass es zu qualitativen und quantitativen Fehlinterpretationen, sprich: Missverständnissen kommt.

Nur: Das unterscheidet das Erfassen tierlicher Erlebnisse nicht prinzipiell vom Erfassen der Erlebnisse unserer Mitmenschen. Auch in der zwischenmenschlichen Kommunikation kommt es – wie jeder Psychotherapeut bestätigen kann und was jeder aus eigener leidvoller Erfah-

rung weiß – zu mitunter fatalen Missverständnissen.

Vor allem: Die Schwierigkeiten beim Erfassen fremder psychischer Erlebnisse können bei gutem Willen zum Großteil überwunden werden. Wichtigste Voraussetzung hierfür ist, dass man sich möglichst umfassend und unvoreingenommen über das betreffende Lebewesen und seine Lebenssituation *informiert*. Das mag bei Tieren schwieriger sein, aber es ist durchaus möglich. Auch hierfür liefert das erwähnte Forschungsprojekt mit den Kapuzineräffchen einen überzeugenden Beleg. Hinsichtlich der Überwindung anfänglicher Verständigungsschwierigkeiten zwischen ihr und dem Kapuzineräffchen Henrietta berichtet die Patientin Sue:

> Ich musste erst einmal lernen, wie ein Affe zu denken, einen anderen Weg gab es nicht. Also las ich alle wichtigen Veröffentlichungen zu diesem Thema, und ich glaube, heute weiß ich, wie Affen denken. Man darf sich nicht wie eine menschliche Mutter verhalten, man muss wie eine Affenmutter sein. Wenn Henrietta irgend etwas anstellt, dann schimpfe ich nicht mit ihr, sondern lenke sie ab und bringe sie auf etwas Neues. Wenn ich zufrieden mit ihr bin und ihr das mitteilen möchte, dann lächle ich nicht, weil ich dann meine Zähne zeigen müsste, und das interpretieren Affen als Zeichen von Aggression. Sie hat sogar akzeptiert, dass ich behindert bin. Sie rauft mit mir nicht, wie sie das mit anderen Leuten tut. Sie ist sehr sanft mit mir – wir verstehen uns. (Ebenda)

4.2.4 Sprache

Wenngleich nun gewiss hinreichend klar geworden ist, dass wir sehr wohl in der Lage sind, tierliches Erleben zu erkennen, wollen wir uns abschließend trotzdem noch mit einem Einwand befassen, der in diesem Zusammenhang häufig vorgebracht wird: Unsere Mitmenschen können wir *fragen*, was in ihnen vorgeht, bei Tieren ist das nicht möglich.

Zunächst muss in Erinnerung gerufen werden, dass dieser Einwand gar nicht auf alle Tiere zutrifft: Denken wir etwa (siehe oben, 1.5) an Koko und Washoe, die zwar nicht sprechen können, mit denen wir uns aber in der Zeichensprache unterhalten können.

Zweitens muss festgestellt werden, dass die Bedeutung der Sprache als Mittel, etwas über die Erlebnisse und Wünsche anderer zu erfahren, weit überschätzt wird. Oft erfahren wir über jemanden viel mehr und vor allem viel Zuverlässigeres, wenn wir nicht auf das achten, was er *sagt*, sondern auf das, was er *tut*: «Jemand, der gelegentlich sagt, ‹Oh,

ich möchte Klavier spielen können!›, drückt sehr viel weniger überzeugend aus, was er wirklich will, als jemand, der nichts sagt, aber jeden Tag vier Stunden seines Lebens opfert, um zu üben» (Dawkins, 1994, S. 192 f.).

Betrachten wir Funktion und Bedeutung der Sprache als Mittel, etwas über das Erleben anderer zu erfahren, aber noch etwas näher (vgl. Rollin, 1983, S. 111, 1981, S. 36 f., 55, 57):

In gewisser Weise ist tierliches Erleben sogar *leichter* zugänglich als das unserer Mitmenschen, weil es einfacher strukturiert ist. Bedenken wir nur einmal, von wie vielen Faktoren das menschliche Erleben bestimmt wird: vom Kulturkreis, dem ein Mensch angehört, von der Gesellschaftsschicht, in die er hineingeboren worden ist, von seiner konkreten Erziehung, Ausbildung und Biographie. Aufgrund dieser vielfältigen sozialen und kulturellen Faktoren ist das menschliche Erleben entsprechend vielgestaltig und variabel.

Im Vergleich dazu ist das tierliche Erleben viel einfacher, stabiler, quasi «Biologie-näher» – mit entsprechend weniger Quellen und Möglichkeiten der Täuschung. So können wir etwa, wenn eine Katze schnurrt, davon ausgehen, dass sie uns wohlgesinnt ist. Wenn hingegen ein Mensch *sagt*, dass er uns sympathisch findet, können wir, wie wir aus leidvoller Erfahrung nur zu genau wissen, noch keineswegs sicher sein, dass dies auch wirklich zutrifft! Deshalb ist das nonverbale tierliche Verhalten oft ein viel zuverlässigerer Indikator für das Innenleben als es die menschliche Wortsprache ist.

Auch dürfen wir nicht vergessen, dass letztere auch im menschlichen Bereich weder die einzige, geschweige denn die stets beste Kommunikationsform ist. Alle Verliebten wissen, dass gerade in entscheidenden Situationen die sprachliche Kommunikation versagt und Gefühle und Stimmungen viel besser mit einem Blick, einer Geste oder einer Berührung zum Ausdruck gebracht werden können.

Und: Die früheste und wichtigste menschliche Kommunikation erfolgt lange *bevor* wir sprechen können, nämlich in der symbiotischen, empathischen Mutter-Kind-Beziehung am Beginn unseres Lebens. Hier werden buchstäblich lebenswichtige Inhalte kommuniziert, ohne dass von Seiten des Kindes auch nur ein einziges Wort verwendet werden kann.

5. Exkurs: Akademische Ethik versus praktische Ethik

5.1 Schädlichkeit der akademischen Ethik

Das Erstaunliche an der Goldenen Regel ist weder, dass sie so alt ist, noch dass sie so einfach ist, noch dass sie in der Praxis so selten angewandt wird, sondern dass sie so wenig als solche erkannt und akzeptiert wird. Und daran schuld ist die akademische Ethik mit ihrer zwanghaften Fixierung auf das Unwesentliche:

Während Wirtschaft und Wissenschaft eifrig und effizient die Welt zugrunde richten, Erde, Wasser und Luft für alle Zeiten und alle kommenden Generationen zerstören, basteln die akademischen Berufslangweiler in ihren Hinterzimmern seelenruhig an ihren theoretischen Hirngespinsten weiter. An ethischen Theorien wird herumgewerkelt wie an überdimensionalen Spielzeugen. Da wird hier eine These modifiziert und dort eine Regel verändert, ohne je irgendetwas zu bewirken, geschweige denn zu verbessern. Verlauf und Ergebnis dieser läppischen Spielereien werden dann in Zeitschriften und Büchern endgelagert – um in den Regalen der Universitäten zu verstauben. Die ethische Kernfrage «Was sollen wir tun?» wird kaum mehr vernommen und die vereinzelten Versuche, sie zu beantworten, verhallen in endlosen «Fachdiskussionen». Die akademische Ethik ist zu einer riesigen, hirn- und sinnlosen Fußnotenproduktionsmaschine verkommen.

Grundübel der akademischen Ethik sind ihre Kompliziertheit und Unverständlichkeit. Hierfür gibt es mehrere Ursachen. Etwa die Unfähigkeit, sich verständlich auszudrücken, die Absicht, sich kompliziert auszudrücken, um «Bildung» oder «Wissenschaftlichkeit» vorzutäuschen, oder schlicht die bloße Freude am unverständlichen Herumschmieren.

Darüber hinaus gibt es aber auch noch eine tiefer liegende und grundsätzlichere Ursache für die Unverständlichkeit der akademischen Ethik: die Überbewertung von Ausnahmen. Unter Ethikern gibt es eine geradezu krankhafte Neigung, nicht von dem auszugehen, was *ist* (oder wahrscheinlich ist), sondern von dem, was *sein könnte*. Nicht die Regel – und die Realität! – steht im Zentrum der Aufmerksamkeit, sondern mögliche Ausnahmen.

Zwei Beispiele: Moralischen Konzepten wird oft vorgeworfen, dass sie uns im Falle von brennenden Häusern, sinkenden Rettungsbooten und ähnlich seltenen Situationen nicht (oder nicht rasch oder nicht eindeutig) sagen können, was wir tun sollen. Im Vordergrund steht nicht die Frage, ob die betreffende Maxime in der Regel und in der Realität anwendbar ist, sondern ob es nicht vielleicht doch irgendwelche Fälle gibt, wo sie *nicht* anwendbar ist.

Oder: Dem Merkmal Leidensfähigkeit wird vorgeworfen, kein taugliches Kriterium für moralische Berücksichtigung zu sein, weil es zwischen Tieren (die zweifellos leidensfähig sind) und Pflanzen (die praktisch sicher nicht leidensfähig sind) einen fließenden Übergang gebe. Als wesentlich angesehen wird von Seiten der akademischen Ethik wiederum nicht, dass wir in so gut wie allen real vorkommenden diesbezüglichen Entscheidungssituationen ganz genau wissen, ob die betreffenden Lebewesen leidensfähig sind oder nicht (wer glaubt schon im Ernst, dass Schweine keine Schmerzen empfinden oder dass auch Äpfel leidensfähige Wesen sind!), sondern, dass es auch einige problematische Grenzfälle geben mag.

In Wirklichkeit ist der Umstand, dass Regeln in Grenz- und Extrembereichen nicht oder nicht «exakt» funktionieren oder «stimmen», weder überraschend noch bedenklich. Das ist, zum Beispiel, in der Physik nicht anders. Aber Ethiker machen daraus gleich eine Katastrophe und verfallen in zwanghaften Aktionismus. Ihre Wahrnehmungsverzerrung – Vernachlässigung von Regel und Realität, Fixierung auf Ausnahmen – führt zur absurden Bestrebung, alle möglichen Ausnahme-, Grenz- und Extremfälle abzudecken. Daraus resultiert wiederum eine irrationale Differenzierungs- und Präzisierungswut. Das fatale Ergebnis sind schließlich hochkomplexe, völlig unverständliche Theorien. Die Ethik präzisiert sich selbst zu Tode. Am Ende dieses Prozesses stehen Konzepte von höchster theoretischer Perfektion und absoluter praktischer Bedeutungslosigkeit.

Aber auch da, wo es ausnahmsweise ethische Ergebnisse gibt, die konkretes praktisches Handeln betreffen, zeigen sich Ethiker auffallend skeptisch gegenüber ihren eigenen Produkten. Jedenfalls scheinen sie wenig Neigung zu verspüren, das, was sie anderen empfehlen, auch selbst zu beherzigen.

Vielleicht hängt diese vornehme Zurückhaltung der Ethiker gegenüber ihren eigenen Erzeugnissen mit dem Bewusstsein der «Arbeitsteilung» zwischen Ethikexperten und ihrer «Klientel» zusammen: Wenn wir Ethiker uns schon der Mühe unterziehen, moralische Regeln zu machen, dann brauchen wir sie doch nicht auch noch selber zu befolgen!

Wahrscheinlicher ist allerdings eine andere Erklärung für die Abstinenz der Ethiker gegenüber ihren eigenen Schöpfungen: die berufsbedingte Verlogenheit. Wer sich je näher mit der Entstehung ethischer Theorien befasst hat, weiß, dass hier buchstäblich «alles möglich» ist: Man kann – und tut dies auch regelmäßig! – mit den diversen Thesen und Regeln so lange herumjonglieren, bis man genau zu dem Ergebnis gelangt, das man haben möchte – und das man *zuvor* schon festgelegt hat. Es geht dabei zu wie bei einer Gerichtsverhandlung, bei der zwar penibel darauf geachtet wird, den Schein von Objektivität und Unbefangenheit zu wahren, wo aber in Wirklichkeit das Urteil von allem Anfang an feststeht.

Ein Beispiel: Es werden Kriterien für das Recht auf Leben «erarbeitet». Man beginnt zunächst einmal mit den Merkmalen Empfindungsfähigkeit und (rudimentäres) Selbstbewusstsein. Als man sieht, dass diese Kriterien zwar von vielen Tieren, aber nicht von allen Menschen (zum Beispiel von Neugeborenen) erfüllt werden, flickt man rasch das Merkmal Selbstbewusstsein *oder* das Potential, es zu entwickeln, hinzu. Damit sind nun auch die Säuglinge «drinnen». Bleibt aber noch das Problem, wie man die Tiere «raus» bringt. Nichts leichter als das: Man fügt einfach noch das Merkmal Mitglied der Spezies Homo sapiens hinzu! Endlich passts. Fertig. Was in Wirklichkeit das Resultat widerwärtiger Klüngelei und buchstäblicher Schieberei ist, wird der staunenden (und in diesem Falle dankbaren) Öffentlichkeit als Ergebnis wissenschaftlicher Forschung präsentiert.

Herausragendstes Merkmal der akademischen Ethik bleibt freilich ihre phänomenale faktische Folgenlosigkeit. Doch damit wollen es die Ethiker nicht bewenden lassen. Es genügt ihnen nicht, keinen Beitrag zur Beantwortung der ethischen Kernfrage «Was sollen wir tun?» zu leisten. Nein, sie müssen obendrein auch noch vorhandene Prinzipien, die *sehr wohl* imstande wären, den Menschen moralische Orientierung zu bieten, kritisieren und lächerlich machen.

Über solche moralische Regeln – wie etwa die Goldene Regel – fällt die akademische Ethik mit sarkastischem Hohn und orgiastischem Gespött her: Was damit wohl konkret gemeint sei? Ob man wohl an diesen Fall, in dem die Regel nur bedingt anwendbar sei, in seiner grenzenlosen Naivität nicht gedacht habe? Ob man denn nicht endlich einsehe, dass nur ein blutiger ethischer Laie auf so eine primitive, unwissenschaftliche Regel hereinfallen könne!

Folge dieser destruktiven und arroganten akademischen Besserwisserei ist, dass an die Stelle von praktikablen Prinzipien entweder ein moralisches Vakuum tritt oder aber jene nutzlosen theoretischen Hirngespinste der Berufsethiker, die einzig und allein dazu taugen, von jeder Ethik abzuschrecken.

5.2 Notwendigkeit einer praktischen Ethik

Diese Destruktivität der akademischen Ethik ist freilich kein Beweis für die Überflüssigkeit, Sinnlosigkeit oder Schädlichkeit von Ethik überhaupt. Im Gegenteil! Selbstverständlich brauchen wir eine Ethik. Aber keine hoch komplizierte, folgenlose akademische Ethik, sondern eine konstruktive, wirksame praktische Ethik. Beste Beispiele für Notwendigkeit und Sinnhaftigkeit einer solchen praktischen Ethik sind Singers und Regans ethische Ansätze, deren Lektüre einen immensen Wahrnehmungs- und Erkenntnisgewinn bewirkt: Dem Leser wird klar, dass und warum nicht nur Menschen, sondern auch Tiere moralisch zu berücksichtigende Wesen sind!

Über die Tierethik hinausgehend wollen wir uns im Folgenden noch allgemein in Erinnerung rufen, welch wichtige Rolle ethisches Nachdenken im menschlichen Leben spielt.

5.2.1 Ethisches Denken ist notwendig

Unvoreingenommenes, rationales Nachdenken über das moralisch Richtige ist zunächst einmal notwendig, um *Vorurteile zu erkennen*. Wir alle werden von frühester Kindheit an mit den widersprüchlichsten Vorstellungen und Haltungen konfrontiert, die schon aus logischen Gründen unmöglich alle richtig sein können. Ethisches Nachdenken ist die einzige Möglichkeit, um sich von solchen familiären und kulturellen Zufälligkeiten und Zwängen der eigenen Biographie zu befreien.

Nachdenken über das moralisch Richtige ist aber auch notwendig, um *moralische Widersprüche aufzudecken*. Und der Nachweis solcher Widersprüche ist nicht nur ein schlagendes Argument in der ethischen Diskussion, sondern vor allem auch eine wichtige Orientierungshilfe für unser Handeln.

Dabei geht es zum einen um Widersprüche zwischen verschiedenen Überzeugungen: Wenn gezeigt werden kann, dass jemand gleichzeitig Positionen vertritt, die einander im Grunde widersprechen, so ist das nicht nur eine wichtige, sondern, zumindest potentiell, auch wirksame Erkenntnis: Der Betroffene wird, um sich nicht dem Vorwurf der Irrationalität auszusetzen, seine Überzeugungen nochmals überdenken.

Andererseits geht es auch um Widersprüche zwischen Überzeugung

und Handeln: Wenn gezeigt werden kann, dass jemandes Verhalten de facto seinen deklarierten Überzeugungen widerspricht, so wird das für ihn ein starkes Motiv sein, sein Denken und Handeln noch einmal zu überprüfen, um es in Einklang miteinander zu bringen. Denn ein Widerspruch zwischen moralischem Anspruch und tatsächlichem Verhalten gilt zu Recht als in höchstem Maße bedenklich, ja als Inbegriff der Inkonsequenz schlechthin.

Kommen wir noch einmal auf die Widersprüche zwischen verschiedenen Überzeugungen bzw. Positionen zurück. Mit dem Aufdecken solcher Widersprüche ist es natürlich noch nicht getan. Vielmehr haben wir den wichtigsten Schritt dann noch vor uns:

Jetzt gilt es, *Entscheidungen zu treffen*: Wir müssen entscheiden, welche Position denn wohl die richtige – oder wenigstens die weniger falsche – ist. Und auch hier steht uns kein anderes Mittel zu Gebote als ethisches Denken: besonnenes, kritisches Prüfen und Abwägen des Für und Wider. Zur rationalen moralischen Diskussion gibt es, auch wenn sie zuweilen noch so mühsam und langwierig sein mag, keine brauchbare, verantwortungsvolle Alternative.

Schließlich noch eine nicht zu vernachlässigende allgemeine Konsequenz ernsthaften Nachdenkens über das moralisch Richtige: Es macht uns zu besseren Menschen. «Alles Nachdenken über Ethik hat eine Hebung und Belebung der ethischen Gesinnung zur Folge», wie Albert Schweitzer richtig feststellt. (Zit. n. Dirlmeier, 1971, S. 361)

5.2.2 Ethisches Denken ist unausweichlich

Ethisches Denken ist aber nicht nur notwendig, um Vorurteile zu erkennen, Widersprüche aufzudecken und Entscheidungen zu treffen. Ethisches Denken – bzw. dessen Folgen – ist darüber hinaus für uns Menschen *unausweichlich*.

Wir können als denkende Wesen gar nicht anders, als über unser Leben und Schicksal auch nachzudenken – zu «philosophieren» im weitesten Sinne. Und dabei gelangen wir zwangsläufig auch zum ethischen Denken als integrierendem Bestandteil philosophischen Denkens. Im Grunde haben wir überhaupt keine Wahl, «Ethik» – in welcher Form und auf welchem Niveau auch immer – zu betreiben oder nicht, weil «Philosophieren» und «Moralisieren» schlicht zum Menschsein gehören. Alle Menschen äußern sich laufend über «den Sinn des Lebens», das «Schicksal des Menschen», die «Richtigkeit» oder «Falschheit» dieses oder jenes Verhaltens usw.

Der wichtigste und unmittelbarste Anstoß zum Philosophieren im weitesten Sinne ist wohl unsere Sterblichkeit. Durch sie wird unser Leben schließlich *in jedem Fall* zu einer traurigen, tragischen und im Grunde unerträglichen Angelegenheit: Auch das glücklichste Leben endet mit dem Tod. Und das ist *nüchtern* betrachtet ein unglaublicher und im Grunde unakzeptabler Skandal.

Um dies zu begreifen, sehe man nur einmal einem vergnügten Kind beim Spielen zu und vergegenwärtige sich dann, dass auch dieses blühende, glückliche und unschuldige Leben dereinst im Grabe enden wird. Oder man mache sich bewusst, dass man selbst – mitten im Leben stehend – schon in wenigen Tagen unter der Erde, in der Kälte, in der Finsternis sein kann. Für immer und ewig. Unerträglich!

Deshalb ist der Mensch *gezwungen* zu philosophieren. Er *muss* über seine und die allgemeine Sterblichkeit nachdenken. Er *kann gar nicht anders*, als sich irgendetwas aus- oder zusammenzudenken, um die Wucht des dauernd drohenden existentiellen Endes zu mildern – oder in das Gegenteil zu verkehren.

Erich Fromm (1974, S. 203) hat die erdrückende, ja einen geradezu erschlagende Perversion des menschlichen Seins – und den Zwang zum Philosophieren – beeindruckend auf den Punkt gebracht:

> Bewusstsein seiner selbst, Vernunft und Phantasie haben die «Harmonie» zerstört, welche die tierische Existenz kennzeichnet. Durch ihr Erscheinen ist der Mensch zu einer Anomalie, zu einer grotesken Laune des Universums geworden. Er ist Teil der Natur, ihren physikalischen Gesetzen unterworfen und unfähig, sie zu ändern, und doch transzendiert er die Natur. Er ist getrennt von ihr und doch ein Teil von ihr. Er ist heimatlos und doch an die Heimat gekettet, die er mit allen Kreaturen teilt. An einem zufälligen Ort und zu einem zufälligen Zeitpunkt in diese Welt geworfen, ist er gezwungen, sie, wie es der Zufall will, und gegen seinen Willen zu verlassen. Da er sich seiner selbst bewusst ist, erkennt er seine Ohnmacht und die Begrenztheit seiner Existenz. Er ist nie frei von der Dichotomie seiner Existenz. Er kann sich nicht von seiner Denkfähigkit freimachen, selbst wenn er es wollte. Er kann sich nicht von seinem Körper freimachen, solange er lebt – und sein Körper zwingt ihm den Wunsch, zu leben, auf.

Das ist die Perversion menschlichen Seins: der Zwang, leben zu wollen, und das Wissen, sterben zu müssen. Die abgründige und diabolische Gemeinheit in der menschlichen Existenz besteht in der Allgegenwärtigkeit des Todes mitten im Leben:

> Die Endlichkeit der menschlichen Existenz ... ist eine total andere
> als die eines Dinges. Das letztere ist endlich, weil es von anderen
> Dingen umgeben und daher ihnen gegenüber begrenzt ist ... (...)
> Der Tod ist nicht in der Weise Grenze des Lebens, wie ein Weg dort
> seine Grenze hat, wo er aufhört. Sondern der Tod steht in das
> Dasein herein, dieses setzt sich ausdrücklich oder unausdrücklich
> dauernd mit ihm auseinander, ist ein ständiges Sichverhalten zu
> ihm – ein *«Sein zum Tode»*, wie sich Heidegger ausdrückt. (Steg-
> müller, 1978, S. 152)

Dieses Sein zum Tode, dieses Sterben-Müssen bei gleichzeitigem Le-
ben-Wollen, ja Leben-wollen-Müssen ist eine Zumutung, ein *Skandal*,
wie Elias Canetti nicht müde wurde zu betonen: «Ich verfluche den
Tod. (...) Würde ich ihn anerkennen, ich wäre ein Mörder.» (Zit. n.
Schmidt-Dengler, 2000, S. 116)

Die allseits mit penetranter Naivität vorgetragene «Einsicht», dass die
«Akzeptierung» des Todes ein Zeichen von «Reife» sei, dass der Tod «zum
Leben gehöre» usw. ist angesichts der psychischen Verfasstheit des
Menschen keine mutige Erkenntis, sondern eine kapitale Selbsttäu-
schung und infantile Verleugnung eines existentiellen Widerspruchs.
Und Philosophieren ist eine der wenigen Möglichkeiten, mit diesem
Widerspruch *einigermaßen* würdig und ehrlich umzugehen.

Darüber hinaus bietet Philosophieren, wie schon gesagt, die einzige
Chance, um sich von den individuellen und kulturellen Zufälligkeiten,
Zwängen und Engen der eigenen Biographie zu emanzipieren. Philosophie macht frei – soweit dies im menschlichen Leben überhaupt möglich ist. Wenn ich wüsste, bald sterben zu müssen und daher meine
Kinder nicht mehr auf ihrem Lebensweg begleiten zu können, würde
ich versuchen sicherzustellen, dass sie sich einmal ausführlich mit Philosophie beschäftigen. Nicht weil die Philosophen nie geirrt haben, sondern weil sie *alle* Irrtümer begangen haben – und damit wenigstens
einige Irrtümer erkennbar machen.

Mit Philosophie bzw. mit deren Folgen werden wir aber auch noch
auf eine andere Weise unausweichlich konfrontiert.

Alfred North Whitehead sagte, es sei der Gedanke, der das Antlitz der
Menschheit verändere. Von Voltaire stammt meines Wissens die Bemerkung, dass es in Wahrheit die Bücher sind, die die Welt regieren.
Und Lichtenberg war es, der, glaube ich, bemerkte: Mehr als das Blei in
der Flinte hat das Blei im Setzkasten die Welt verändert.

Ideen bestimmen unser Handeln und verändern die Welt. Dies wird
viel zu wenig gesehen, ja meist sogar völlig übersehen. Nicht techni-

sche Erfindungen oder abstrakte Theorien sind es, die uns prägen und lenken, sondern einfache Ideen. Wobei die Betonung auf einfach liegt. Man denke etwa an die Ideen von der Gleichheit aller Menschen, von der Menschenwürde und von den Menschenrechten: alles einfache, allgemein verständliche Grundsätze, die «einleuchten» – und im Laufe der Zeit die Welt verändert haben. Alle einflussreichen religiösen, ideologischen und politischen Utopien, Ziele und Programme waren und sind solche einfachen Ideen.

Als sich im amerikanischen Präsidentschaftswahlkampf von 1988 zwischen Michael Dukakis und George Bush Dukakis' Niederlage bereits deutlich abzeichnete, erklärte dies die Wochenzeitschrift *The New Republic* damit, dass Dukakis «eine einfache Wahlkampfbotschaft gefehlt» habe, «eine, mit der ein Nachbar einem anderen erklären könnte, warum er für Dukakis gestimmt habe». Genau darum geht es: Etwas, das wirken und überzeugen soll, muss einfach sein.

Das ist in keiner Weise abwertend oder gar zynisch gemeint – weder im Hinblick auf die Schöpfer solcher «einfachen Botschaften» noch im Hinblick auf deren Adressaten. Im Gegenteil: Zum einen ist die einfache Formulierung oft eine viel größere intellektuelle Herausforderung als die komplizierte. «Wissenschaftlich»-unverständlich ausdrücken kann sich bald jemand. Andererseits ist das spontane Verstandenwerden eines Inhalts ein nicht unwesentlicher Indikator für seine Stichhaltigkeit (womit freilich nicht geleugnet werden soll, dass es auch «einfache Dummheiten» gibt). Wirklich schlüssige Ideen werden im Kern auch von kleinen Kindern verstanden.

Und wie entstehen solche einfachen Ideen? Die Ideen von heute sind meist nichts anderes als Kurzfassungen oder Essenzen von Philosophien von gestern. Bochenski (1951, S. 9) hat im Grunde durchaus Recht, wenn er – für heutige Begriffe zugegebenermaßen etwas zu pathetisch – feststellt:

> Der Philosoph, lächerlich gemacht vom Volke, harmlos und in seinen Begriffen lebend, ist in Wirklichkeit eine furchtbare Macht. Sein Denken hat die Wirkung des Dynamit. Er geht seinen Weg, gewinnt Hand um Hand und ergreift schließlich die Massen. Es kommt der Augenblick, wo er siegreich alle Hindernisse überwindet und ungehindert den Gang der Menschheit bestimmt – oder das Leichentuch über ihre Ruinen breitet. Darum tun diejenigen, die wissen möchten, wohin der Weg geht, gut daran, nicht den Politikern, wohl aber den Philosophen Beachtung zu schenken: was sie heute verkünden, wird der Glaube von morgen sein.

5.2.3 Ethisches Denken beeinflusst moralisches Fühlen

Schließlich sei noch auf eine eminent wichtige Funktion ethischen Denkens verwiesen: auf seinen Einfluss auf jenen Bereich, den man als moralisches Fühlen bezeichnen könnte.

Ethisches Nachdenken kann zu einer Veränderung unserer moralischen Intuitionen führen. Das, was wir als «selbstverständlich richtig» erachten, kann sich im Laufe unseres Lebens dadurch wandeln, dass wir mit Gesichtspunkten und Zusammenhängen konfrontiert werden, die wir vorher nicht oder völlig anders wahrgenommen haben.

Allerdings haben wir es hier mit keiner «Einbahnstraße» zu tun: Auch moralisches Fühlen beeinflusst ethisches Denken. Hier liegt ein Prozess wechselseitiger Beeinflussung vor. Rollin (1981, S. 5 f.) weist in diesem Zusammenhang auf eine Parallele zwischen Ethik und Naturwissenschaft hin: So wie unsere moralischen Intuitionen zu ethischen Theorien führen, die wiederum unsere moralischen Intuitionen beeinflussen, so führen unsere Wahrnehmungen zu wissenschaftlichen Theorien, die wiederum unsere Wahrnehmungen verändern.

Als Beispiel führt Rollin die Wahrnehmung von Sonne und Mond durch «primitive» Völker an: Diese Menschen sehen, wie kleine Kinder, Sonne und Mond zunächst als kleine, nicht weit entfernte Objekte. Dann entwickeln sie Theorien über diese Objekte, überprüfen sie, erkennen, dass sie falsch sein müssen, und schließen, dass es sich bei Sonne und Mond um große, weit entfernte Objekte handeln muss. Diese neue Theorie *über* Sonne und Mond verändert nun aber auch die künftige Wahrnehmung *von* Sonne und Mond. Als weiteres Beispiel für die Beeinflussung unserer Wahrnehmung durch Theorien nennt Rollin das Wissen um Freuds Konzept der Fehlleistung: Sobald wir diese Theorie einmal kennen gelernt haben, ändert sich unsere Wahrnehmung und Bewertung dessen, was jemand sagt, schlagartig.

Die beschriebene Wechselwirkung zwischen Wahrnehmung bzw. Intuition einerseits und Theorie andererseits ist so bedeutsam, dass wir sie für den moralischen Bereich noch einmal ausdrücklich darstellen wollen: Wir gehen mit bestimmten moralischen Intuitionen an Probleme heran und bewerten diese Probleme im Lichte dieser Intuitionen. Stellen wir fest, dass diese Intuitionen bzw. die daraus resultierenden Bewertungen zu Unstimmigkeiten oder Widersprüchen führen, beginnen wir nachzudenken und konstruieren Theorien, um diese Unstimmigkeiten oder Widersprüche zu beseitigen. Durch diese Theorien verändern sich dann aber nicht nur unsere rationalen Überzeugungen, sondern auch unsere emotionalen Einstellungen und Intuitionen. Das heißt: Als Folge unserer neuen *Theorien* begegnen wir künftig Problemen auch mit anderen *Intuitionen*.

Wir wollen unser Verständnis für die wechselseitige Beeinflussung von Theorien und Intuitionen noch etwas vertiefen. Unser Augenmerk soll dabei vor allem auf die psychologischen Aspekte ethischen Denkens gerichtet werden.

Unter Hinweis auf Leon Festingers (1957) Theorie der kognitiven Dissonanz verweist Peter Singer (1981, S. 142 f.) auf das folgende Entwicklungsschema (wobei ich Singers Ausführungen im Hinblick auf unsere Thematik konkretisiere und zum Teil weiterführe):

- Um unsere Intuitionen zu rechtfertigen, beginnen wir zu theoretisieren;
- dabei stellen wir Widersprüche zwischen unseren Intuitionen oder zwischen unseren Intuitionen und unseren Handlungen fest;
- das *rationale Erkennen* dieser Widersprüche verursacht in uns ein unbefriedigendes *Gefühl* der Inkonsistenz, des Sich-in-einem-Widerspruch-Befindens;
- dieses *Gefühl* führt zu weiterem *Denken,* mit dem Ziel, die erkannten und als unbefriedigend und belastend erlebten Widersprüche zu beseitigen.

Was an diesem Prozess sehr schön sichtbar wird, ist die wechselseitige Beeinflussung von intuitiv-emotionaler und rational-philosophischer Ebene.

Rollin (1981, S. 43–46) weist noch auf einen weiteren, meines Erachtens überhaupt nicht überschätzbaren psychologischen Aspekt ethischen Denkens hin: auf den so genannten *Gestaltwandel.* Damit ist eine *radikale Veränderung der Perspektive bei gleichbleibenden Fakten* gemeint. Ein solcher Gestaltwandel liegt zum Beispiel vor, wenn wir einen Menschen plötzlich «in einem ganz anderen Licht» sehen – etwa, wenn wir uns verlieben: Auf einmal ist das Mädchen aus der Nachbarschaft, das ich schon tausendmal zuvor gesehen habe, unglaublich begehrenswert. Dieselbe Person, dieselben «Fakten» werden plötzlich auf eine völlig neue, gänzlich andere Weise wahrgenommen. (Auf einer «harmloseren» Ebene lässt sich das Phänomen des Gestaltwandels übrigens auch bei den aus der Psychologie bekannten so genannten «Umspringbildern» beobachten.)

Die Vorbereitung und Herbeiführung solcher Gestaltwandlungen im moralischen Bereich ist eine der wichtigsten Aufgaben und Funktionen ethischen Denkens. Zwar kann man, wie Rollin ganz richtig bemerkt, keinen Menschen in eine bestimmte Moral «hineinargumentieren» – sowenig man jemanden in eine bestimmte Religion «hineinargumentieren» kann. Aber ethische Argumente können sehr wohl den Boden für solche fundamentalen moralischen Gestaltwandlungen bereiten, sie können Samen säen, die dereinst neue moralische Sichtweisen bewirken werden.

Als Beispiel für einen solchen moralischen Gestaltwandel nennt Rollin die Einsicht, dass wir auch gegenüber Tieren moralische Pflichten haben, dass auch Tiere jener Sphäre angehören, innerhalb derer unsere moralischen Rücksichten und Regeln Geltung haben bzw. Geltung haben sollen. Diese Erkenntnis kann etwa dadurch ausgelöst werden, dass einem Jäger plötzlich klar wird, dass er nicht einen *harmlosen Sport ausübt*, sondern vielmehr *zum Vergnügen unschuldige, leidensfähige Lebewesen umbringt*. Der Gestaltwandel kann auch dadurch bewirkt werden, dass der Jäger die Laute, die die verwundeten Tiere von sich geben, erstmals als *Schreie* wahrnimmt. In beiden Fällen führen nicht neue Fakten, sondern das Wahrnehmen bekannter Fakten «in neuem Licht» zum plötzlichen Sinneswandel.

Beim Vorbereiten und Herbeiführen von solchen moralischen Gestaltwandlungen spielt ethisches Denken eine wichtige Rolle. Dies gilt auch und vor allem für fundamentale moralische Wahrnehmungsveränderungen. Man denke etwa an die heutige moralische Selbstverständlichkeit der Anerkennung allgemeiner Menschenrechte. Und exakt in diesem Bereich ist auch die letztlich wichtigste Funktion der Tierethik anzusiedeln: im Vorbereiten und Aufbauen einer völlig neuen Wahrnehmung der Tiere als leidensfähige, empfindsame Wesen, die eine vollwertige moralische Würdigung und Berücksichtigung verdienen.

6. Motivation zur Moral

Das *letztlich* Ausschlaggebende für moralisches Handeln ist weder das moralische Denken noch das moralische Konzept, sondern die moralische Motivation. Unser wirkliches Problem ist nämlich nicht, dass wir nicht *wissen*, was wir sollen, sondern dass wir nicht *tun*, was wir sollen. Es stimmt ganz einfach nicht, dass die Welt deshalb in einem so erbärmlichen Zustand ist, weil wir, so sehr wir uns auch bemühen, nicht und nicht ergründen können, was moralisch richtig ist. Vielmehr ist die traurige Beschaffenheit unseres Planeten vor allem darauf zurückzuführen, dass wir schlicht nicht das tun, wovon wir wissen, dass wir es tun sollen. Auf den Punkt gebracht: Das Problem lautet nicht: «Was sollen wir tun?», sondern: «Wie bringen wir uns dazu, das zu tun, was wir für richtig halten?»

Und wie können wir uns und andere dazu bringen, das zu tun, was wir für richtig halten? Die Antwort lautet in der Regel: durch Mitleid. Durch das Nichtverdrängen von Mitleid, durch das Zulassen von Mitleid, durch das Sensibilisieren für Leid und Mitleid.

Die Bedeutung des Mitleids für das moralische Handeln ist so grundlegend, dass Mitleid und Moral sogar gleichgesetzt wurden:

> Ethik ist Mitleid. Alles Leben ist Leiden. Der wissend gewordene
> Wille zum Leben ist ... von tiefem Mitleid mit allen Geschöpfen
> ergriffen. Er erlebt nicht nur das Weh des Menschen, sondern das
> der Kreatur überhaupt mit. Was man in der gewöhnlichen Ethik als
> «Liebe» bezeichnet, ist seinem wahren Wesen nach Mitleid.
> (Schweitzer, o. J.b, S. 295)

Für Leo Tolstoi und Thomas More ist Mitleid die feinste menschliche Empfindung (vgl. Boyd, 1988, S. 57; Schleifer, 1986, S. 104). Mitleid-Haben und Mensch-Sein werden oft sogar gleichgesetzt, Mitleid und Menschlichkeit als Synonyme verwendet. (Vgl. Schopenhauer, 1977, S. 253; Bollnow, 1962, S. 39)

Für Arthur Schopenhauer (1977) ist Mitleid *die Grundlage der Moral und die Triebfeder moralischen Handelns*. Um dies zu erkennen, sollten wir uns Folgendes vorstellen (S. 271):

Kajus und Titus sind zwei leidenschaftlich verliebte junge Männer. Beide sind in ein anderes Mädchen verliebt und haben jeweils einen Nebenbuhler, der von ihrer jeweiligen Angebeteten aufgrund äußerer Umstände bevorzugt wird. Also beschließen Kajus und Titus, ihre Konkurrenten aus dem Weg zu räumen, also umzubringen. Dabei sind sie nicht nur vor jeder Entdeckung, sondern sogar vor jeglichem Verdacht

absolut sicher. Als sie jedoch die näheren Vorbereitungen für die Morde treffen, sehen schließlich beide nach innerem Ringen von der Tat ab.

> Nun soll die Rechenschaft, welche Kajus giebt, ganz in die Wahl des Lesers gestellt seyn. Er mag etwan durch religiöse Gründe, wie den Willen Gottes, die dereinstige Vergeltung, das künftige Gericht u. dgl. abgehalten worden seyn. Oder aber er sage: «Ich bedachte, daß die Maxime meines Verfahrens in diesem Fall sich nicht geeignet haben würde, eine allgemein gültige Regel für alle möglichen vernünftigen Wesen abzugeben ...» (...) – Oder er sage, nach *Wollastone*: «Ich habe überlegt, daß jene Handlung der Ausdruck eines unwahren Satzes seyn würde.» (...) – Oder er sage, nach *Adam Smith*: «Ich sah voraus, daß meine Handlung gar keine Sympathie mit mir in den Zuschauern derselben erregt haben würde.» – Oder, nach *Christian Wolf*: «Ich erkannte, daß ich dadurch meiner eigenen Vervollkommnung entgegen arbeiten und auch keine fremde befördern würde.» (...) – Kurz, er sage, was man will. – Aber *Titus*, dessen Rechenschaft ich mir vorbehalte, der sage: «Wie es zu den Anstalten kam, und ich deshalb, für den Augenblick, mich nicht mit meiner Leidenschaft, sondern mit jenem Nebenbuhler zu beschäftigen hatte; da zuerst wurde mir recht deutlich, was jetzt mit ihm eigentlich vorgehn sollte. Aber nun ergriff mich Mitleid und Erbarmen, es jammerte mich seiner, ich konnte es nicht über's Herz bringen: ich habe es nicht thun können.» – Jetzt frage ich jeden redlichen und unbefangenen Leser: Welcher von Beiden ist der bessere Mensch? – Welchem von Beiden möchte er sein eigenes Schicksal lieber in die Hand geben? – Welcher von ihnen ist durch das reinere Motiv zurückgehalten worden? – Wo liegt demnach das Fundament der Moral? (...)
> Nichts empört so im tiefsten Grunde unser moralisches Gefühl, wie Grausamkeit. Jedes andere Verbrechen können wir verzeihen, nur Grausamkeit nicht. Der Grund hievon ist, daß Grausamkeit das gerade Gegentheil des Mitleids ist. (S. 271 f.)

Wenn wir, so Schopenhauer weiter (S. 272), von sehr grausamen Taten erfahren, etwa dass eine Mutter ihre kleinen Kinder dadurch umbrachte, dass sie dem einen siedendes Öl einflößte und das andere lebendig begrub, dann packt uns Entsetzen und wir rufen aus: Wie ist es möglich, so etwas zu tun?

> Was ist der Sinn dieser Frage? Ist er vielleicht: wie ist es möglich, die Strafen des künftigen Lebens so wenig zu fürchten? – Schwerlich. – Oder: Wie ist es möglich, nach einer Maxime zu handeln, die so gar nicht geeignet ist, ein allgemeines Gesetz für alle vernünfti-

gen Wesen zu werden? – Gewiß nicht. – Oder: Wie ist es möglich,
seine eigene und die fremde Vollkommenheit so sehr zu vernach-
lässigen? – Eben so wenig. – Der Sinn jener Frage ist ganz gewiß
bloß dieser: Wie ist es möglich, so ganz ohne Mitleid zu seyn? –
Also ist es der größte Mangel an Mitleid, der einer That den
Stämpel der tiefsten moralischen Verworfenheit und Abscheulich-
keit aufdrückt. Folglich ist Mitleid die eigentliche moralische
Triebfeder. (...)
Gränzenloses Mitleid mit allen lebenden Wesen ist der festeste und
sicherste Bürge für das sittliche Wohlverhalten ... Wer davon erfüllt
ist, wird zuverlässig Keinen verletzen, Keinen beeinträchtigen,
Keinem wehe thun, vielmehr mit Jedem Nachsicht haben, Jedem
verzeihen, Jedem helfen, so viel er vermag ... Hingegen versuche
man ein Mal zu sagen: «Dieser Mensch ist tugendhaft, aber er
kennt kein Mitleid.» Oder: «Es ist ein ungerechter und boshafter
Mensch; jedoch ist er sehr mitleidig»; so wird der Widerspruch
fühlbar. (S. 272–275)

Mitleid ist also die Grundlage und Triebfeder der Moral. Einer um-
fassenden Moral: Wie Albert Schweitzer, so weist auch Arthur
Schopenhauer (S. 278, 281) darauf hin, dass echtes Mitleid nicht an der
menschlichen Artgrenze Halt macht.

Und zur Mobilisierung des Mitleids bedarf es keiner ethischen Theo-
rien, sondern vielmehr anschaulicher Fakten (S. 285). Mitleid ist die
Triebfeder moralischen Handelns, und Fakten erwecken das Mitleid.
Also ist das Offensein für die Fakten, das Offensein für die Realität, das
Offensein für die Realität des Leidens die erste und wichtigste Grund-
lage moralischen Handelns.

Wer ehrlich ist, wird auch moralisch handeln: Wenn wir die Wirklichkeit nicht verdrängen, sondern dem uns umgebenden Leiden bildlich
und buchstäblich ehrlich in die Augen sehen, dann werden wir auch
richtig handeln.

Aber, so gibt Schopenhauer zu bedenken:

Obwohl *Grundsätze* und abstrakte Erkenntniß überhaupt keineswegs die ... erste Grundlage der Moralität sind; so sind sie doch zu
einem moralischen Lebenswandel unentbehrlich, als das Behältniß
..., in welchem die aus der Quelle aller Moralität ... entsprungene
Gesinnung aufbewahrt wird, um, wenn der Fall der Anwendung
kommt, durch Ableitungskanäle dahin zu fließen. (...) Ohne fest
gefaßte *Grundsätze* würden wir den antimoralischen Triebfedern ...
unwiderstehlich Preis gegeben seyn. (S. 254)

Es bedarf also neben der Offenheit und Ehrlichkeit gegenüber dem uns umgebenden Leiden auch noch einer moralischen Maxime, die die Energie des Mitleids für Situationen «konserviert», in denen die unmittelbare Wirkung des Mitleids nicht zum Tragen kommt.

Zum moralischen Handeln bedarf es also sowohl der emotionalen Motivation in Form des Mitleids als auch einer rationalen Motivation in Form einer moralischen Regel. Dabei kann es durchaus vorkommen, dass die emotionalen und rationalen Anstöße zum moralischen Handeln gleichzeitig wirken:

> Daher, wenn etwan, in einzelnen Fällen, die erwählte Maxime der Gerechtigkeit wankt, ... zur Belebung der gerechten Vorsätze, kein Motiv ... wirksamer ist, als das aus der Urquelle selbst, dem Mitleid, geschöpfte. Z.B. wenn Jemand eine gefundene Sache von Werth zu behalten Lust spürt; so wird ... nichts ihn so leicht auf die Bahn der Gerechtigkeit zurückbringen, wie die Vorstellung der Sorge ... und der Wehklage des Verlierers. Im Gefühl dieser Wahrheit geschieht es oft, daß dem öffentlichen Aufruf zur Wiederbringung verlorenen Geldes die Versicherung hinzugefügt wird, der Verlierer sei ein armer Mensch. (S. 255)

Fassen wir zusammen: Neben dem Mitleid bedarf es auch noch einer Maxime, die die Energie des Mitleids für Situationen «konserviert», in denen die unmittelbare Wirkung des Mitleids nicht oder nicht ausreichend zum Tragen kommt.

Damit schließt sich der Kreis. Denn keine Maxime könnte die ursprüngliche, emotionale Kraft des Mitleids besser «konservieren» als die Goldene Regel. Keine andere moralische Regel könnte das Mitleid auf der Verstandesebene besser repräsentieren als eben diese ethische Weltformel. Denn die Goldene Regel ist nicht nur rational einleuchtend, sondern auch emotional nachvollziehbar. Mehr noch: Die Goldene Regel ist selbst (nicht nur, aber auch) so etwas wie alphabetisiertes Mitleid, in Worte gefasster Anstoß zum Mitleiden und Leidenmindern. Damit bündelt die Goldene Regel auf einzigartige Weise jene Kräfte, die uns zu moralischen Menschen machen.

Literatur

Apel, Wolfgang: Am «Haken» der Justiz, Du und das Tier, 2, 1990.

Arras, Peter: Er ist kalt, glitschig und hat einen starren Blick – aber er lebt und fühlt, so wie wir …, Mensch und Tier, 1, 1991.

Arras, Peter: Über die Kälte der Fische und die Kaltblütigkeit ihrer Peiniger, Anima, 3, 1996.

Arzt, Volker, Birmelin, Immanuel: Haben Tiere ein Bewusstsein? München: Bertelsmann, 1993.

Barad-Andrade, Judith: The Dog in the Lifeboat Revisited, Between the Species, Vol. 8, No. 2 (Spring 1992).

Barth, Ariane: Die Lehren der Affen, Der Spiegel, 18, 1992.

Behr, Martin: Tiere sind für Kinder ein Fenster hinaus zur Natur, Salzburger Nachrichten, 25. 11. 1989.

Beidl, Christine: Achtung – lebende Tiere, Anima, 4, Winter 1996/1997.

Bentham, Jeremy: An Introduction to the Principles of Morals and Legislation. Hg. v. J. H. Burns, H. L. A. Hart. London: University of London – The Athlone Press, 1970.

Berger, I.: Was TierbefreierInnen nicht essen, Der Tierbefreier, 6, 1996.

Bilz, Rudolf: Studien über Angst und Schmerz (Paläoanthropologie Band 1/2). Frankfurt: Suhrkamp, 1974.

Bittermann, Wolfgang, Plank, Franz-Joseph: Zeitbombe Tierleid. Wien: Orac, 1990.

Blick zurück, Der Spiegel, 5, 1988.

Blum, Wolfgang: Kuscheltier. Tiere helfen Therapeuten im Krankenhaus, Die Zeit, 31, 1994.

Bochenski, I. M.: Europäische Philosophie der Gegenwart. Bern: Francke, 1951.

Bollnow, Otto Friedrich: Einfache Sittlichkeit. Göttingen: Vandenhoeck und Ruprecht, 1962.

Boyd, Billy Ray: For the Vegetarian in You. San Francisco: Taterhill Press, 1988.

Breßler, Hans-Peter: Ethische Probleme der Mensch-Tier-Beziehung. Frankfurt: Lang, 1997.

Cena, M.: Die Ethologie der Nutztiere in der tierärztlichen Diagnostik. In: D. W. Fölsch (Hg.): The Ethology and Ethics of Farm Animal Production. Basel: Birkhäuser, 1978.

Cigman, Ruth: Death, Misfortune and Species Inequality, Philosophy and Public Affairs, 10, No. 1 (Winter 1980).

Clifton, Merritt: Who's a Birdbrain?, Animals' Agenda, Dec. 1990.

Comstock, Gary: Pigs and Piety, Between the Species, Vol. 8, No. 3 (Summer 1992).

Darwin, Charles: Die Abstammung des Menschen. Stuttgart: Kröner, 1966.

Davis, Karen: Viva, the Chicken Hen, Between the Species, Vol. 6, No. 1 (Winter 1990).

Dawkins, Marian Stamp: Die Entdeckung des tierischen Bewusstseins. Heidelberg: Spektrum, Akademischer Verlag, 1994.

Delikatessen zum Vergessen, Tierfreund, 4, 1995.

Dirlmeier, Franz: Nachwort zu: Aristoteles: Nikomachische Ethik. Stuttgart: Reclam, 1971.

Downer, John: Die Supersinne der Tiere. Hamburg: Hoffmann und Campe, 1990.

Dröscher, Vitus: Berichte, die nachdenklich machen. In: Gotthard M. Teutsch (Hg.): Da Tiere eine Seele haben … Stuttgart: Kreuz, 1987b.

Dröscher, Vitus: Lügen haben vier Beine. In: Gotthard M. Teutsch (Hg.): Da Tiere eine Seele haben … Stuttgart: Kreuz, 1987a.

Dunayer, Joan: «… er schnurrt, wenn er den Hof macht und knufft, wenn er sein Territorium verteidigt.» Über die ungeahnte Empfindsamkeit der Fische, Gaia, Herbst 1992.

Dunayer, Joan: The Nature of Altruism, Animals' Agenda, April 1990.

Emcke, Carolin, Schwarz, Ulrich: Tanz ums goldene Kalb, Der Spiegel, 51, 1999.

Festinger, Leon: A Theory of Cognitive Dissonance. Stanford: Stanford University Press, 1957.

Finsen, Lawrence, Finsen, Susan: The Animal Rights Movement in America. New York: Twayne Publishers, 1994.

Fossey, Dian: Gorillas im Nebel. München: Kindler, 1989.

Fouts, Roger S., Fouts, Deborah H.: Wie sich Schimpansen einer Zeichensprache bedienen. In: Paola Cavalieri, Peter Singer (Hg.): Menschenrechte für die Großen Menschenaffen. München: Goldmann, 1994.

Fouts, Roger, Mills, Stephen T.: Unsere nächsten Verwandten. München: Limes, 1998.

Frazier, Claude A.: Lesson From a Cat, Animals' Agenda, May 1990.

Freud, Sigmund: Totem und Tabu. Studienausgabe, hg. v. Alexander Mitscherlich et al., Band IX. Frankfurt: Fischer, 1974.

Frey, Rudolf: Geleitwort zu: Ronald Melzack: Das Rätsel des Schmerzes. Stuttgart: Hippokrates, 1978.

Fromm, Erich: Anatomie der menschlichen Destruktivität. Stuttgart:

Deutsche Verlags-Anstalt, 1974.

Frühform des Heimwerkers, Der Spiegel, 12, 1997.

Gnadenlose Geduld, Der Spiegel, 23, 1994.

Goodall, Jane: Schimpansen – Die Überbrückung einer Kluft. In: Paola Cavalieri, Peter Singer (Hg.): Menschenrechte für die Großen Menschenaffen. München: Goldmann, 1994.

Goodall, Jane: Wilde Schimpansen. Reinbek: Rowohlt, 1991.

Gordon, Wendy, Patterson, Francine: Zur Verteidigung des Personenstatus von Gorillas. In: Paola Cavalieri, Peter Singer (Hg.): Menschenrechte für die Großen Menschenaffen. München: Goldmann, 1994.

Die grauen Riesen sterben aus, Du und das Tier, 6, 1989.

Griffin, Donald R.: Wie Tiere denken: Ein Vorstoß ins Bewusstsein der Tiere. München: BLV Verlagsgesellschaft, 1985.

Grolle, Johann: Symphonie der Superstrings, Der Spiegel, 30, 1999.

Hackethal, Julius: Der Meineid des Hippokrates. Bergisch Gladbach: Lübbe, 1992.

«Heilkraft» der besonderen Art. Informationspapier des Instituts für interdisziplinäre Erforschung der Mensch-Tier-Beziehung (IEMT). Wien, 1989.

«Helping Hands» is a Cruel Hoax, Trainer Tells Congress, Animals' Agenda, Nov. 1989.

Hoche, Hans-Ulrich: Die Goldene Regel, Zeitschrift für Philosophische Forschung, 32, 1978.

Höffe, Otfried: Ethische Grenzen der Tierversuche. In: Ursula M. Händel (Hg.): Tierschutz. Testfall unserer Menschlichkeit. Frankfurt: Fischer, 1984.

Höffe, Otfried: Goldene Regel. In: ders. (Hg.): Lexikon der Ethik. München: Beck, 1986.

Hösle, Vittorio: Moral und Politik: Grundlagen einer Politischen Ethik für das 21. Jahrhundert. München: Beck, 1997.

Hummer – der Renner der feinen Lebensart, Schutz für Mensch, Tier und Umwelt, Febr./März 1995.

Die Hummer-Industrie, Transparent, 3, 1995.

Iglehart, Frederick C.: The Speaking Oak, PeTA News, Fall 1993.

Initiative gegen Tierversuche will auch Schalentieren helfen, Anima, 4, 1989.

Jackson, Christine: Looking at Sea Animals in a Different Light, PeTA News, Vol. 8, No. 3 (Summer 1993).

Jagd auf Leben aus dem Wasser, Tierfreund, 7, 1996.

Jones, Ernest: Das Leben und Werk von Sigmund Freud, Band III. Bern:

Huber, 1978.

Kaplan, Helmut F.: Die Euthanasie-Diskussion: Ein Versuch zur Versachlichung. In: ders.: Leichenschmaus. Ethische Gründe für eine vegetarische Ernährung. Reinbek: Rowohlt, 1993b. (Diesen Beitrag enthält nur die Erstausgabe von *Leichenschmaus* von 1993.)

Kaplan, Helmut F.: Euthanasie und Emotion – Warum Peter Singers Thesen die Gemüter erhitzen. In: Riccardo Bonfranchi (Hg.): Zwischen allen Stühlen: die Kontroverse zu Ethik und Behinderung. Erlangen: Fischer, 1997.

Kaplan, Helmut F.: Leichenschmaus. Ethische Gründe für eine vegetarische Ernährung. Reinbek: Rowohlt, 1993a. (3. Auflage 2002)

Kaplan, Helmut F.: Die Philosophie des Vegetarismus: kritische Würdigung und Weiterführung von Peter Singers Ansatz. Frankfurt: Lang, 1988.

Kremsmayer, Ulla: Der Weg allen Fleisches, Profil, 37, 1990.

Küng, Hans: Leitplanken für die Moral (Interview), Der Spiegel, 51, 1999.

Küng, Hans: Projekt Weltethos. München: Piper, 1990.

Kupfer-Koberwitz, Edgar: Die Tierbrüder. Ursprünglicher Verleger: Waerland Verlagsgenossenschaft EG, Mannheim. Unveränderter Nachdruck der 4. Auflage. Hg. 1992 von der International Sri Deep Madhavananda Ashram Fellowship, Wien.

Linden, Eugene: «Höhere geistige Fähigkeiten mit dem Menschen gemeinsam», Gaia, Frühling 1994.

Lorenz, Konrad: «Tiere sind Gefühlsmenschen», Der Spiegel, 47, 1980.

Lowther, William: Die haarigen Helfer, Zeit-Magazin, 49, 1987.

Mackie, John L.: Ethik. Stuttgart: Reclam, 1983.

Maggitti, Phil: Animal Thinking, Animals' Agenda, April 1990.

Masson, Jeffrey M., McCarthy, Susan: Wenn Tiere weinen. Reinbek: Rowohlt, 1996.

Midgley, Mary: Animals and Why They Matter. Harmondsworth: Penguin, 1983.

Montgomery, Sy: Unerhörte Töne aus der Welt der Tiere, Natur, 8, 1992.

Nimtz-Köster, Renate: «... und der Mann wurde seines Lebens wieder froh», Gaia, 9, 1991/92.

Pfordten, Dietmar von der: Ökologische Ethik. Reinbek: Rowohlt, 1996.

Portmann, Adolf: Haben Tiere eine Seele? In: Gotthard M. Teutsch (Hg.): Da Tiere eine Seele haben ... Stuttgart: Kreuz, 1987.

Putten, G. van: Zum Messen von Wohlbefinden bei Nutztieren. In: D. W. Fölsch, A. Nabholz (Hg.): Ethologische Aussagen zur artgerechten Nutztierhaltung. Basel: Birkhäuser, 1982.

Quatmann, Christian: «Ein Mensch kann sie um diese Vielfalt nur beneiden», Gaia, Winter 1990/91.

Rachels, James: Created From Animals. Oxford: Oxford University Press, 1991.

Rachels, James: Do Animals Have a Right to Liberty? In: Tom Regan, Peter Singer (Hg.): Animal Rights and Human Obligations. Englewood Cliffs, N. J.: Prentice-Hall, 1976.

Radner, Daisie und Michael: Animal Consciousness. Buffalo: Prometheus Books, 1989.

Reeve, E. Gavin: Speciesism and Equality, Philosophy, 53, 1978.

Regan, Tom: The Case for Animal Rights. London: Routledge & Kegan Paul, 1984.

Regan, Tom: Utilitarianism, Vegetarianism, and Animal Rights, Philosophy & Public Affairs, 9, 4, 1980.

Regan, Tom: Wie man Rechte für Tiere begründet. In: Angelika Krebs (Hg.): Naturethik. Frankfurt: Suhrkamp, 1997.

Rippe, Klaus Peter: Die Diskussion um den moralischen Status von Tieren, Ethica, 2 (1994), 2.

Rist, M.: Beurteilungskriterien für tiergerechte Nutztierhaltungssysteme. In: D. W. Fölsch, A. Nabholz (Hg.): Ethologische Aussagen zur artgerechten Nutztierhaltung. Basel: Birkhäuser, 1982.

Robbins, John: Brave New Chicken, Animals' Agenda, June 1989.

Robbins, John: Diet for a New America. Walpole: Stillpoint Publishing, 1987.

Rollin, Bernard E.: Animal Rights and Human Morality. Buffalo: Prometheus Books, 1981.

Rollin, Bernard E.: The Legal and Moral Bases of Animal Rights. In: Harlan B. Miller, William H. Williams (Hg.): Ethics and Animals. Clifton, N. J.: Humana Press, 1983.

Rollin, Bernard E.: The Unheeded Cry. Oxford: Oxford University Press, 1989.

Rowe, Harvey T.: Glücksfall der Natur, Du und das Tier, 4, 1989.

Ryder, Richard D.: Animal Revolution. Oxford: Basil Blackwell, 1989.

Ryder, Richard [D.]: An Autobiography, Between the Species, Vol. 8, No. 3 (Summer 1992).

Salt, Henry S.: Animals' Rights. In: Tom Regan, Peter Singer (Hg.): Animal Rights and Human Obligations. Englewood Cliffs, N. J.: Prentice-Hall, 1976.

Sambraus, H. H.: Ethologische Grundlagen einer tiergerechten Nutztierhaltung. In: D. W. Fölsch, A. Nabholz (Hg.): Ethologische Aussagen zur artgerechten Nutztierhaltung. Basel: Birkhäuser, 1982.

Sapontzis, Steve F.: Morals, Reason, and Animals. Philadelphia: Temple University Press, 1987.

Sapontzis, Steve F.: Personen imitieren – Pro und Kontra. In: Paola Cavalieri, Peter Singer (Hg.): Menschenrechte für die Großen Menschenaffen. München: Goldmann, 1994.

Scheub, Ute: Liebeserklärung an die Delphine, Greenpeace-Nachrichten, IV, 1989.

Schleifer, Harriet: Bilder von Tod und Leben: Nutztiererzeugung und die vegetarische Alternative. In: Peter Singer (Hg.): Verteidigt die Tiere. Wien: Neff, 1986.

Schmidt-Dengler, Wendelin: Aus Sätzen entstanden, Profil, 4, 2000.

Schopenhauer, Arthur: Preisschrift über die Grundlage der Moral. In: ders.: Zürcher Ausgabe. Werke in zehn Bänden, Bd. VI. Zürich: Diogenes, 1977.

Schuld und Sühne, Der Spiegel, 9, 1996.

Schweine!, Gaia, Sommer 1996.

Schweitzer, Albert: Aus meinem Leben und Denken. In: ders.: Gesammelte Werke in fünf Bänden, Bd. I. München: Beck, o. J.a.

Schweitzer Albert: Kultur und Ethik. In: ders.: Gesammelte Werke in fünf Bänden, Bd. II. München: Beck, o. J.b.

«Sehr alt, sehr klug», Der Spiegel, 27, 1997.

Serjeant, Richard: Der Schmerz – Warnsystem des Körpers. Bergisch Gladbach: Lübbe, 1970.

Siegeszug aus der Sackgasse, II, Der Spiegel, 43, 1995.

Singer, Marcus G.: Verallgemeinerung in der Ethik. Frankfurt: Suhrkamp, 1975.

Singer, Peter: Animal Liberation. New York: The New York Review, 1975.

Singer, Peter: Animal Liberation. Die Befreiung der Tiere. Reinbek: Rowohlt, 1996a.

Singer, Peter: Befreiung der Tiere. München: Hirthammer, 1982.

Singer, Peter: A Comment on the Animal Rights Debate, International Journal of Applied Philosophy, 1, 1983.

Singer, Peter: Ethics and the New Animal Liberation Movement. In: ders. (Hg.): In Defence of Animals. Oxford: Basil Blackwell, 1985.

Singer, Peter: The Expanding Circle. Oxford: Clarendon Press, 1981.

Singer, Peter: Is Racial Discrimination Arbitrary?, Philosophia, 8, 1978.

Singer, Peter: Praktische Ethik. Stuttgart: Reclam, 1994.

Singer, Peter: Utilitarianism and Vegetarianism, Philosophy & Public

Affairs, 9, 4, 1980.

Singer, Peter: Wie sollen wir leben? Erlangen: Fischer, 1996b.

Spaemann, Robert: Bestialische Quälereien Tag für Tag, Deutsche Zeitung, 33, 1979.

Spaemann, Robert: Tierschutz und Menschenwürde. In: Ursula M. Händel (Hg.): Tierschutz: Testfall unserer Menschlichkeit. Frankfurt: Fischer, 1984.

Spinne am Haken, Der Spiegel, 6, 1996.

Stegmüller, Wolfgang: Existenzialontologie: Martin Heidegger. In: ders.: Hauptströmungen der Gegenwartsphilosophie. Bd. I. Stuttgart: Kröner, 1978.

Teutsch, Gotthard M.: Mensch und Tier: Lexikon der Tierschutzethik. Göttingen: Vandenhoeck und Ruprecht, 1987.

Von der Lust am Töten, ZeitenSchrift, 8, 1995.

Waal, Frans de: Der gute Affe. Der Ursprung von Recht und Unrecht bei Menschen und anderen Tieren. München: Hanser, 1997.

Waal, Frans de: Wilde Diplomaten. Versöhnung und Entspannungspolitik bei Affen und Menschen. München: Hanser, 1991.

Weinberg, Steven: «Die Welt ist kalt und unpersönlich» (Interview), Der Spiegel, 30, 1999.

Wolf, Jean-Claude: Tierethik. Freiburg: Paulusverlag, 1992.

Wolf, Ursula: Das Tier in der Moral. Frankfurt: Klostermann, 1990.

Zahlen und Fakten über Tiere, die wir essen, Natur, 2, 1993.

Über den Autor

Helmut F. Kaplan ist Philosoph und Autor sowie Berater und Sprecher für ethische Grundfragen bei Arche 2000 Welt-Tierhilfe e. V. Er schrieb zahlreiche Bücher, darunter das Standardwerk *Leichenschmaus – Ethische Gründe für eine vegetarische Ernährung* sowie *Tierrechte – Die Philosophie einer Befreiungsbewegung*. Ca. 300 weitere Publikationen.

Weitere Informationen und Texte finden Sie auf seiner Internetseite:

www.tierrechte-kaplan.org